心一堂術數古籍珍本叢刊

書名：大六壬探源
系列：心一堂術數古籍珍本叢刊　三式類　六壬系列　第二輯　231
作者：【民國】袁樹珊　撰
主編、責任編輯：陳劍聰
心一堂術數古籍珍本叢刊編校小組：陳劍聰　素聞　梁松盛　鄒偉才　虛白盧主

出版：心一堂有限公司
通訊地址：香港九龍旺角彌敦道六一〇號荷李活商業中心十八樓〇五—〇六室
深港讀者服務中心：中國深圳市羅湖區立新路六號羅湖商業大厦負一層〇〇八室
電話號碼：(852)67150840
網址：publish.sunyata.cc
電郵：sunyatabook@gmail.com
網店：http://book.sunyata.cc
淘寶店地址：https://shop210782774.taobao.com
微店地址：https://weidian.com/s/1212826297
臉書：https://www.facebook.com/sunyatabook
讀者論壇：http://bbs.sunyata.cc/

版次：二零一七年八月初版
平裝

定價：港幣　一百二十八元正
新台幣　四百九十八元正

國際書號：ISBN 978-988-8317-63-9

香港發行：香港聯合書刊物流有限公司
地址：香港新界大埔汀麗路36號中華商務印刷大廈3樓
電話號碼：(852)2150-2100
傳真號碼：(852)2407-3062
電郵：info@suplogistics.com.hk

台灣發行：秀威資訊科技股份有限公司
地址：台灣台北市內湖區瑞光路七十六巷六十五號一樓
電話號碼：+886-2-2796-3638
傳真號碼：+886-2-2796-1377
網絡書店：www.bodbooks.com.tw
台灣國家書店讀者服務中心：
地址：台灣台北市中山區松江路二〇九號一樓
電話號碼：+886-2-2518-0207
傳真號碼：+886-2-2518-0778
網絡書店：http://www.govbooks.com.tw

中國大陸發行　零售：深圳心一堂文化傳播有限公司
深圳地址：深圳市羅湖區立新路六號羅湖商業大厦負一層〇〇八室
電話號碼：(86)0755-82224934

心一堂微店二維碼

心一堂淘寶店二維碼

心一堂術數古籍 珍本整理 叢刊 總序

術數定義

術數，大概可謂以「推算（推演）、預測人（個人、群體、國家等）、事、物、自然現象、時間、空間方位等規律及氣數，並或通過種種『方術』，從而達致趨吉避凶或某種特定目的」之知識體系和方法。

術數類別

我國術數的內容類別，歷代不盡相同，例如《漢書・藝文志》中載，漢代術數有六類：天文、曆譜、五行、蓍龜、雜占、形法。至清代《四庫全書》，術數類則有：數學、占候、相宅相墓、占卜、命書、相書、陰陽五行、雜技術等，其他如《後漢書・方術部》、《藝文類聚・方術部》、《太平御覽・方術部》等，對於術數的分類，皆有差異。古代多把天文、曆譜、及部分數學均歸入術數類，而民間流行亦視傳統醫學作為術數的一環；此外，有些術數與宗教中的方術亦往往難以分開。現代民間則常將各種術數歸納為五大類別：命、卜、相、醫、山，通稱「五術」。

本叢刊在《四庫全書》的分類基礎上，將術數分為九大類別：占筮、星命、相術、堪輿、選擇、三式、讖諱、理數（陰陽五行）、雜術（其他）。而未收天文、曆譜、算術、宗教方術、醫學。

術數思想與發展——從術到學，乃至合道

我國術數是由上古的占星、卜筮、形法等術發展下來的。其中卜筮之術，是歷經夏商周三代而通過「龜卜、蓍筮」得出卜（筮）辭的一種預測（吉凶成敗）術，之後歸納並結集成書，此即現傳之《易

經》。經過春秋戰國至秦漢之際，受到當時諸子百家的影響、儒家的推崇，遂有《易傳》等的出現，原本是卜筮術書的《易經》，被提升及解讀成有包涵「天地之道（理）」之學。因此，《易・繫辭傳》曰：「易與天地準，故能彌綸天地之道。」

漢代以後，易學中的陰陽學說，與五行、九宮、干支、氣運、災變、律曆、卦氣、讖緯、天人感應說等相結合，形成易學中象數系統。而其他原與《易經》本來沒有關係的術數，如占星、形法、選擇，亦漸漸以易理（象數學說）為依歸。《四庫全書・易類小序》云：「術數之興，多在秦漢以後。要其旨，不出乎陰陽五行，生尅制化。實皆《易》之支派，傳以雜說耳。」至此，術數可謂已由「術」發展成「學」。

及至宋代，術數理論與理學中的河圖洛書、太極圖、邵雍先天之學及皇極經世等學說給合，通過術數以演繹理學中「天地中有一太極，萬物中各有一太極」（《朱子語類》）的思想。術數理論不單已發展至十分成熟，而且也從其學理中衍生一些新的方法或理論，如《梅花易數》、《河洛理數》等。

在傳統上，術數功能往往不止於僅僅作為趨吉避凶的方術，及「能彌綸天地之道」的學問，亦有其「修心養性」的功能，「與道合一」（修道）的內涵。《素問・上古天真論》：「上古之人，其知道者，法於陰陽，和於術數。」數之意義，不單是外在的算數、歷數、氣數，而是與理學中同等的「道」、「理」--心性的功能，北宋理氣家邵雍對此多有發揮：「聖人之心，是亦數也」、「萬化萬事生乎心」、「心為太極」。《觀物外篇》：「先天之學，心法也。……蓋天地萬物之理，盡在其中矣，心一而不分，則能應萬物。」反過來說，宋代的術數理論，受到當時理學、佛道及宋易影響，認為心性本質上是等同天地之太極。天地萬物氣數規律，能通過內觀自心而有所感知，即是內心也已具備有術數的推演及預測、感知能力；相傳是邵雍所創之《梅花易數》，便是在這樣的背景下誕生。

《易・文言傳》已有「積善之家，必有餘慶；積不善之家，必有餘殃」之說，至漢代流行的災變說及讖緯說，我國數千年來都認為天災，異常天象（自然現象），皆與一國或一地的施政者失德有關；下至家族、個人之盛衰，也都與一族一人之德行修養有關。因此，我國術數中除了吉凶盛衰理數之外，人心的德行修養，也是趨吉避凶的一個關鍵因素。

術數與宗教、修道

在這種思想之下，我國術數不單只是附屬於巫術或宗教行為的方術，又往往是一種宗教的修煉手段--通過術數，以知陰陽，乃至合陰陽（道）。「其知道者，法於陰陽，和於術數。」例如，「奇門遁甲」術中，即分為「術奇門」與「法奇門」兩大類。「法奇門」中有大量道教中符籙、手印、存想、內煉的內容，是道教內丹外法的一種重要外法修煉體系。甚至在雷法一系的修煉上，亦大量應用了術數內容。此外，相術、堪輿術中也有修煉望氣（氣的形狀、顏色）的方法；堪輿家除了選擇陰陽宅之吉凶外，也有道教中選擇適合修道環境（法、財、侶、地中的地）的方法，以至通過堪輿術觀察天地山川陰陽之氣，亦成為領悟陰陽金丹大道的一途。

易學體系以外的術數與的少數民族的術數

我國術數中，也有不用或不全用易理作為其理論依據的，如揚雄的《太玄》、司馬光的《潛虛》。也有一些占卜法、雜術不屬於《易經》系統，不過對後世影響較少而已。

外來宗教及少數民族中也有不少雖受漢文化影響（如陰陽、五行、二十八宿等學說。）但仍自成系統的術數，如古代的西夏、突厥、吐魯番等占卜及星占術，藏族中有多種藏傳佛教占卜術、苯教占卜術、擇吉術、推命術、相術等；北方少數民族有薩滿教占卜術；不少少數民族如水族、白族、布朗族、佤族、彝族、苗族等，皆有占雞（卦）草卜、雞蛋卜等術，納西族的占星術、占卜術，彝族畢摩的推命術、占卜術……等等，都是屬於《易經》體系以外的術數。相對上，外國傳入的術數以及其理論，對我國術數影響更大。

曆法、推步術與外來術數的影響

我國的術數與曆法的關係非常緊密。早期的術數中，很多是利用星宿或星宿組合的位置（如某星在某州或某宮某度）付予某種吉凶意義，并據之以推演，例如歲星（木星）、月將（某月太陽所躔之宮次）等。不過，由於不同的古代曆法推步的誤差及歲差的問題，若干年後，其術數所用之星辰的位置，已與真實星辰的位置不一樣了；此如歲星（木星），早期的曆法及術數以十二年為一周期（以應地支），與木星真實周期十一點八六年，每幾十年便錯一宮。後來術家又設一「太歲」的假想星體來解決，是歲星運行的相反，週期亦剛好是十二年。而術數中的神煞，很多即是根據太歲的位置而定。又如六壬術中的「月將」，原是立春節氣後太陽躔娵訾之次而稱作「登明亥將」，至宋代，因歲差的關係，要到雨水節氣後太陽才躔娵訾之次，當時沈括提出了修正，但明清時六壬術中「月將」仍然沿用宋代沈括修正的起法沒有再修正。

由於以真實星象周期的推步術是非常繁複，而且古代星象推步術本身亦有不少誤差，大多數術數除依曆書保留了太陽（節氣）、太陰（月相）的簡單宮次計算外，漸漸形成根據干支、日月等的各自起例，以起出其他具有不同含義的眾多假想星象及神煞系統。唐宋以後，我國絕大部分術數都主要沿用這一系統，也出現了不少完全脫離真實星象的術數，如《子平術》、《紫微斗數》、《鐵版神數》等。後來就連一些利用真實星辰位置的術數，如《七政四餘術》及選擇法中的《天星選擇》，也已與假想星象及神煞混合而使用了。

隨着古代外國曆（推步）、術數的傳入，如唐代傳入的印度曆法及術數，元代傳入的回回曆等，其中我國占星術便吸收了印度占星術中羅睺星、計都星等而形成四餘星，又通過阿拉伯占星術而吸收了其中來自希臘、巴比倫占星術的黃道十二宮、四大（四元素）學說（地、水、火、風），並與我國傳統的二十八宿、五行說、神煞系統並存而形成《七政四餘術》。此外，一些術數中的北斗星名，不用我國傳統的星名：天樞、天璇、天璣、天權、玉衡、開陽、搖光，而是使用來自印度梵文所譯的：貪狼、巨門、祿存、文曲，廉貞、武曲、破軍等，此明顯是受到唐代從印度傳入的曆法及占星術所影響。如星命術中的《紫微斗數》及堪輿術中的《撼龍經》等文獻中，其星皆用印度譯名。及至清初《時憲曆》，置閏之法則改用西法「定氣」。清代以後的術數，又作過不少的調整。

此外，我國相術中的面相術、手相術，唐宋之際受印度相術影響頗大，至民國初年，又通過翻譯歐西、日本的相術書籍而大量吸收歐西相術的內容，形成了現代我國坊間流行的新式相術。

陰陽學——術數在古代、官方管理及外國的影響

術數在古代社會中一直扮演着一個非常重要的角色，影響層面不單只是某一階層、某一職業、某一年齡的人，而是上自帝王，下至普通百姓，從出生到死亡，不論是生活上的小事如洗髮、出行等，大事如建房、入伙、出兵等，從個人、家族以至國家，從天文、氣象、地理到人事、軍事，從民俗、學術到宗教，都離不開術數的應用。我國最晚在唐代開始，已把以上術數之學，稱作陰陽（學），行術數者稱陰陽人。（敦煌文書、斯四三二七唐《師師漫語話》：「以下說陰陽人謾語話」，此說法後來傳入日本，今日本人稱行術數者為「陰陽師」）。一直到了清末，欽天監中負責陰陽術數的官員中，以及民間術數之士，仍名陰陽生。

古代政府的中欽天監（司天監），除了負責天文、曆法、輿地之外，亦精通其他如星占、選擇、堪輿等術數，除在皇室人員及朝庭中應用外，也定期頒行日書、修定術數，使民間對於天文、日曆用事吉凶及使用其他術數時，有所依從。

我國古代政府對官方及民間陰陽學及陰陽官員，從其內容、人員的選拔、培訓、認證、考核、律法監管等，都有制度。至明清兩代，其制度更為完善、嚴格。

宋代官學之中，課程中已有陰陽學及其考試的內容。（宋徽宗崇寧三年〔一一零四年〕崇寧算學令：「諸學生習……並曆算、三式、天文書。」「諸試……三式即射覆及預占三日陰陽風雨。天文即預

定一月或一季分野災祥，並以依經備草合問為通。」

金代司天臺，從民間「草澤人」（即民間習術數人士）考試選拔：「其試之制，以《宣明曆》試推步，及《婚書》、《地理新書》試合婚、安葬，並《易》筮法，六壬課、三命、五星之術。」（《金史》卷五十一・志第三十二・選舉一）

元代為進一步加強官方陰陽學對民間的影響、管理、控制及培育，除沿襲宋代、金代在司天監掌管陰陽學及中央的官學陰陽學課程之外，更在地方上增設陰陽學課程（《元史・選舉志一》：「世祖至元二十八年夏六月始置諸路陰陽學。」）地方上也設陰陽學教授員，培育及管轄地方陰陽人。（《元史・選舉志一》：「（元仁宗）延祐初，令陰陽人依儒醫例，於路、府、州設教授員，凡陰陽人皆管轄之，而上屬於太史焉。」）自此，民間的陰陽術士（陰陽人），被納入官方的管轄之下。

至明清兩代，陰陽學制度更為完善。中央欽天監掌管陰陽學，明代地方縣設陰陽學正術，各州設陰陽學典術，各縣設陰陽學訓術。陰陽人從地方陰陽學肄業或被選拔出來後，再送到欽天監考試。（《大明會典》卷二二三：「凡天下府州縣舉到陰陽人堪任正術等官者，俱從吏部送（欽天監），考中，送回選用；不中者發回原籍為民，原保官吏治罪。」）清代大致沿用明制，凡陰陽術數之流，悉歸中央欽天監及地方陰陽官員管理、培訓、認證。至今尚有「紹興府陰陽印」、「東光縣陰陽學記」等明代銅印，及某某縣某某之清代陰陽執照等傳世。

清代欽天監漏刻科對官員要求甚為嚴格。《大清會典》「國子監」規定：「凡算學之教，設肄業生。滿洲十有二人，蒙古、漢軍各六人，於各旗官學內考取。漢十有二人，於舉人、貢監生童內考取。附學生二十四人，由欽天監選送。教以天文演算法諸書，五年學業有成，舉人引見以欽天監博士用，貢監生童以天文生補用。」學生在官學肄業、貢監生肄業或考得舉人後，經過了五年對天文、算法、陰陽學的學習，其中精通陰陽術數者，會送往漏刻科。而在欽天監供職的官員，《大清會典則例》「欽天監」規定：「本監官生三年考核一次，術業精通者，保題升用。不及者，停其升轉，再加學習。如能黽勉供職，即予開復。仍不及者，降職一等，再令學習三年，能習熟者，准予開復，仍不能者，黜退。」除定期考核以定其升用降職外，《大清律例》中對陰陽術士不準確的推斷（妄言禍福）是要治罪的。《大清律例・一七八・術七・妄言禍福》：「凡陰陽術士，不許於大小文武官員之家妄言禍福，違者杖一百。其依經推算星命卜課，不在禁限。」大小文武官員延請的陰陽術士，自然是以欽天監漏刻科官員或地方陰陽官員為主。

官方陰陽學制度也影響鄰國如朝鮮、日本、越南等地，一直到了民國時期，鄰國仍然沿用着我國的多種術數。而我國的漢族術數，在古代甚至影響遍及西夏、突厥、吐蕃、阿拉伯、印度、東南亞諸國。

術數研究

術數在我國古代社會雖然影響深遠，「是傳統中國理念中的一門科學，從傳統的陰陽、五行、九宮、八卦、河圖、洛書等觀念作大自然的研究。……傳統中國的天文學、數學、煉丹術等，要到上世紀中葉始受世界學者肯定。可是，術數還未受到應得的注意。術數在傳統中國科技史、思想史，文化史、社會史，甚至軍事史都有一定的影響。……更進一步了解術數，我們將更能了解中國歷史的全貌。」（何丙郁《術數、天文與醫學中國科技史的新視野》，香港城市大學中國文化中心。）

可是術數至今一直不受正統學界所重視，加上術家藏秘自珍，又揚言天機不可洩漏，「（術數）乃吾國科學與哲學融貫而成一種學說，數千年來傳衍嬗變，或隱或現，全賴一二有心人為之繼續維繫，賴以不絕，其中確有學術上研究之價值，非徒癡人說夢，荒誕不經之謂也。其所以至今不能在科學中成立一種地位者，實有數因。蓋古代士大夫階級目醫卜星相為九流之學，多恥道之；而發明諸大師又故為惝恍迷離之辭，以待後人探索；間有一二賢者有所發明，亦秘莫如深，既恐洩天地之秘，復恐譏為旁門左道，始終不肯公開研究，成立一有系統說明之書籍，貽之後世。故居今日而欲研究此種學術，實一極困難之事。」（民國徐樂吾《子平真詮評註》，方重審序）

現存的術數古籍，除極少數是唐、宋、元的版本外，絕大多數是明、清兩代的版本。其內容也主要是明、清兩代流行的術數，唐宋或以前的術數及其書籍，大部分均已失傳，只能從史料記載、出土文獻、敦煌遺書中稍窺一鱗半爪。

術數版本

坊間術數古籍版本，大多是晚清書坊之翻刻本及民國書賈之重排本，其中豕亥魚魯，或任意增刪，往往文意全非，以至不能卒讀。現今不論是術數愛好者，還是民俗、史學、社會、文化、版本等學術研究者，要想得一常見術數書籍的善本、原版，已經非常困難，更遑論如稿本、鈔本、孤本等珍稀版本。在文獻不足及缺乏善本的情況下，要想對術數的源流、理法、及其影響，作全面深入的研究，幾不可能。

有見及此，本叢刊編校小組經多年努力及多方協助，在海內外搜羅了二十世紀六十年代以前漢文為主的術數類善本、珍本、鈔本、孤本、稿本、批校本等數百種，精選出其中最佳版本，分別輯入兩個系列：

一、心一堂術數古籍珍本叢刊

二、心一堂術數古籍整理叢刊

前者以最新數碼（數位）技術清理、修復珍本原本的版面，更正明顯的錯訛，部分善本更以原色彩色精印，務求更勝原本。并以每百多種珍本、一百二十冊為一輯，分輯出版，以饗讀者。

後者延請、稿約有關專家、學者，以善本、珍本等作底本，參以其他版本，古籍進行審定、校勘、注釋，務求打造一最善版本，方便現代人閱讀、理解、研究等之用。

限於編校小組的水平，版本選擇及考證、文字修正、提要內容等方面，恐有疏漏及舛誤之處，懇請方家不吝指正。

心一堂術數古籍 珍本 整理 叢刊編校小組

二零零九年七月序

二零一四年九月第三次修訂

大六壬探原

張[illegible]

大六壬探原

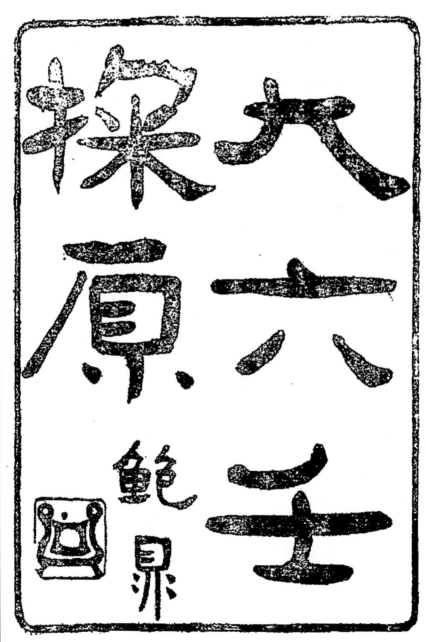

鮑鼎

袁樹珊徵求知音

自西儒赫胥黎氏，倡優勝劣敗，弱肉強食之說，卒至見利忘義，爾詐我虞，而地球人類，莫不因是蒙受最酷最慘之禍。安得謹遵我國孔子之素位而行，居易俟命之法，使天下之人，咸趨於義利之途，尊尊卑卑，各守其分，豈不懿歟。珊賣卜論命，迄今五十載矣，所以薄負時譽者，蓋就命言理，當進則進，當退則退，進則勉其努力施為，退則勸其從容應付，既不害義，又不喪利，雖不轉禍為福，而化難呈祥者，比比皆是。近年以來，珊杜門謝客，不彈此調，以整頓精神，編成歷代卜人傳三十二卷，又於鎮江寶蓋山麓，購得基地一方，擬造七賢祠，祭祀司馬季主，嚴君平，管輅，郭璞，袁天綱，李淳風，謝疊山諸先賢。祠內兼作濟困扶危之公益，徒以綿力薄弱，有願莫償。為此再為馮婦，徵求海內知音，倘不以珊為欺罔，樂助刊費，及建築費者，珊雖年老神疲，亦當竭誠迎迓，對客揮毫，藉酬 高誼。爰賦小詩，略鳴衷悃，大雅君子，幸垂鑒諒。

卜人自古本優游。國史連篇敘述周。輯傳三千非鉅製。（拙編卜人傳，上自羲農，下迄民國先賢，得三千餘人，）刊費無着老為牛。賣卜蹉跎五十霜。建祠素志未能償。天涯果有知音客。願把忠懷貫萬方。（倘不棄遺，雖分文不敢拜受，蓋此事非同尋常勸募也。）

附註 如荷賜教，預先掛號，訂期暢談，迫促不應。

又註 拙編出版，即將 大名列入，敝祠落成，尤應將 台銜勒石，以誌弗諼。

袁樹珊拜稿。寓上海南京西路同福里十二號 電話三八七六六號

唐序

鎮江袁君樹珊、嘗賣卜於鐵甕城西、非市井硌碌人也。其尊人精醫卜、潛德不曜、樹珊世其家學、而擴大之、而卜爲尤著。好與士大夫往還、吐屬浩浩落落然、指事類情、聽者忘倦。暇則讀綫裝書、經史百家之屬、能通知其意。吾嘗贈之詩有曰、卜自君平道始尊。而今此事又推袁。迷津指罷江天暮。手叠叢殘自閉門。乙夜端居儼鯉庭。醰醰有味一燈青。書聲不斷瓶翻水。指向兒曹說六經。其旨趣可想。嘗撰『命理探原』、版行於世、海上書賈、翻刻以牟利者踵相接、樹珊聽之。曰吾閱世之操此術者、寡明師益友。所得於江湖謌訣、大都沿譌襲謬、足以誤人。吾書簡明而精確、庶幾暗室之一燈也。其用心之嘉矜而普徧也、顧如此。頃又撰輯『大六壬探原』成、郵寄清史館、囑爲之敍。予於此事、未嘗涉獵、然能必其書爲簡明精確、有益於治此術者。蓋以樹珊之學力、與其前著而信之。嘗謂吉凶悔吝生乎動、非不可動、要與靜相消息．今有人奮擲跳踉、終日而不止、其危亡可立而待矣。橫矚天地間、氣矜者動、號爲謹愿者亦動。權勢者動、僻處鄉土者亦動。男子動於外、婦女亦不肯靜於其內。少壯動於前、童騃亦不肯靜於其後。以至農工商賈之流、莫不攘袖奮臂、一呼而百應。其實一二魁傑者、發縱指示、坐收其利。他之千百萬人無與焉。數十年來、景象歷歷、至今未已。吉凶悔吝、如環無端、如響斯答、而猶不之悟、哀哉。六壬之數、吾未之學也。然聞其道出於易、度其理亦不過如此。讀樹珊之書者、以吾說爲何如。抑不知與六壬之旨、大相舛馳否。昔嚴君平與人子弟言、一依於孝順。各因事導之以善。人有邪惡非正之問、則依蓍龜爲言利害。習樹珊之書、而市其技。其取君平傳而觀之。抑亦樹珊之意也哉。乙丑五月、丙子朔、越十有八日癸巳、小暑節、丹陽唐邦治、撰於都門。

羅序

占卜之學、原本於周易、由來舊矣。然向無簡明之書、闡發其旨。蓋治斯學者、多非士人、縱其人深明數理、有所纂述、而筆無機緒、辭不達旨、致閱者茫如。如斯、而欲藉其書、以探其術、寧可得耶。袁君樹珊、士而隱於卜者也。余耳其名久。喪亂以來、竄迹海濱、每俯仰無聊、輒欲就君爲靈均之卜居、而忽忽不果。但得讀君所著之『命理探原』、『選吉探原』諸書。覺其辭旨明暢、可與俞曲園之『游藝諸錄』相頡頏。信乎非術士之所能爲也。頃又以近著『六壬探原』郵示、並索序言。按六壬占法、『吳越春秋』、『越絕書』、即已載之。其後隋唐諸史、均錄其書、而多不傳。至明郭載騋搜輯舊說、爲『六壬大全』、較稱賅備。然論者謂爲真僞參半。後此不少作者、大率與郭書等。今得君探原闡發、其旨將大明、而君之術益工、學益進、固可知也。余雖不明此學、然頻年探討舊籍、頗覩祕本、試舉其名。其屬於明鈔者、曰『六壬總要』、四十八卷、邵彥清撰、明徐興公、謝在杭藏書、曰『六壬雲開觀月經』、曰『六壬集要四言斷』、均不著撰人、曰『六壬集應鈐』。題龍臺逸史撰、有孔治中自序、不分卷、多至數十冊、屬於舊鈔者曰『大六壬彙纂』不著撰人、曰『六壬原古』。孟淑孔撰、凡此諸書、觀君參考書目中、均未之及、惜乎當時不以詔君也。余於今年春、始因鮑君扶九之介、識君於京口。鮑君為余言、君賣卜所入、恒以贍親族、濟貧困、不事私蓄、其風義為叔季所希聞。故余重君之人、較之多君之術、為尤深且摯也。時乙丑仲冬月、上虞羅振常、序於海上寓居之修俟齋。

自序

文子曰、天下萬事、是非無定。有似是而實非者。亦有似非而實是者。將謂似是可爲耶、而似是實非。將謂似非不可爲耶、而似非實是。而況有是非、卽有成敗。有成敗、卽有禍福。有禍福、卽有榮辱。相因而至、勢所必然。孟子有云、是非之心、人皆有之。今再益之以成敗之心、禍福之心、榮辱之心、憧憧擾擾、紛至沓來、其將何去何從耶。吾恐雖有智慧過人者、亦將反覆躊躇、懷疑莫適矣。傳云、卜以决疑、不疑何卜。今可疑之事、若是之夥賾。雖欲不卜、其可得乎。顧卜筮之書、種類不一。惟壬課原本羲爻、相傳尤古。其推演之法、由占時而月將、是無極生太極也。由月將而幹枝、是太極生兩儀也。由幹枝而四課、則太陽、少陽、太陰、少陰、四象生焉。由四課而發用、初傳法天、中傳法人、末傳法地、三才位焉。三才既具、五行備焉、神將定焉。神將既定、握其機樞、則天下之萬亭萬物、孰吉孰凶、孰悔孰吝、胥於此現象得之矣。豈獨是非成敗、禍福榮辱已哉。珊於此道、略窺一斑、未敢自信。然友人或謂珊曰、今世之人、大都以爲智可勝愚、力可回天。不究成敗、不明禍福、不顧榮辱。一意孤行、卒至誤己害人、身敗名裂。此皆不知辨別是非之故。夫卜筮者、所以敬天而窮理也。天之所命、人不得而逆之。理之所限、人不得而踰之。事之當進也、則勉力實行。事之當退也、則遵時養晦。上不怨天、下不尤人。其義至精、其理至正。子何不發其秘旨、纂述成書、公之於世。使天下之人、咸曉然於細而飲啄、大而行藏、莫非數之前定。而後知真是真非之有所在。一改其智謀力取之故技。使之爲所當爲、而不爲其所不當爲、則有成無敗、有福無禍、有榮無辱、可以操左券而責之償焉。豈非一大快事哉。珊以其說近理、爰不辭譾陋、搜往古之成規、集諸家之奥義，刪繁就簡、重加編訂、釐爲三篇、曰演法、曰論斷、曰集說、命其名曰『六壬探原』、蓋取窮原探本之意。世之君子欲審真是真非、與夫成敗禍福榮辱之所以然者、苟取而觀之、庶幾有獲。至卜筮高深之道、『古今圖書集成藝術典』搜羅萬有、實爲大觀。斯編所述、不過嚆矢而已。海內明達、倘恕其顓愚、而賜以糾削、則何幸如之。

中華民國十二年、夏歷癸亥、大暑後五日、鎮江袁樹珊、自識於雲台山麓之潤德堂。

題辭 證以奉到先後爲序

我聞善卜者、古有嚴君平、繼起臻神妙、又有管公明、遥遥二千載、乃得袁先生、先生多材藝、術數邁羣英、著作探原論、語簡而義精。殷勤示後學、非爲矜己能、賤子未識面、神交倍有情、率成八十字、藉附千秋名、

寶雞 蔡文蔚 衷誠

藉甚袁絲老、縹緗探六壬、高風留鐵甕、絕學度金鍼、熟識陰陽理、精闚天地心、何時脫塵網、共爾一長吟、

無錫 王蘊章 西神

渺矣君平卜、今知吾道尊、三長誰嗣鄭、一藝亦推袁、餘事文章擅、高風道義敦、相逢黃歇浦、酒膽好重温、

餘姚 沈澤 承福

無錫 王倬 卓人

卜筮原周易、叢殘理劫灰、倉山尊一老、塵海軼羣才、妙擅金臺選、精操玉尺裁、兔園壽著作、詞賦笑鄒枚、

丹徒 趙清綏 紹霖

至誠之道可前知、幸遇君平一決疑、信手拈來須記取、參詳時日與干支、

知幾妙術信通神、占卜一斑效驗真、小道可觀成絕技、慣從濁世指迷津、

丹徒 李正學 崇甫

高談雄辯每風生、閉戶著書歲月更、卜理探微能指導、靈機結撰是心精、

江都甫上天人策、彥伯今留著述名、羣仰倉山續家學、果然此筆達神明、

江都 周先謹 小湖

家學相承惟卜醫、養生一卷百世師、尊肯直繼倉公起、尊人昌齡先生、所著『養生三要』、爲醫家必讀之書、哲嗣六壬擅神奇、先生善卜而亦知醫、兼著『命理探原』、早已風行海內、今著『六壬探原』於涉害三傳、辨別尤精、先生小隱潤州市、心如明鏡無塵滓、詹尹端筴判吉凶、君平賣卜斷生死、發聾振聵寓意深、彰往知來如目視、玩世還同曼倩諧、著書深達堯夫旨、大著中賣卜卮言、及一斑錄

世人從此得真詮、若披雲霧覩青天、鈎河抉洛見根柢、不誑人、皆苦口婆心、發人深省、呼袁半仙、我生憎學無依歸、三年讀易未知幾、何時買棹渡江水、遝來訪道叩玄扉、

凡例

一本書共分三篇。一推演、由占時至年命。諸式咸備、次序鱗列。惟講解則力求淺顯瀏亮、不務艱深。學者無須師承口授、自可一覽會通。二論斷、凡壬學所以判吉凶、決休咎、種種要法。務期力避繁蕪、意賅言簡。三集說、皆採集古人名論。有發明課體義蘊者。有詳考壬學源流者。細心玩之、不難由淺卽深。末附先賢傳略、尤堪爲後學楷模。因限篇幅、未及具載。容當另輯歷代卜筮星相名人列傳、以表章之。

一歌語、爲演課之祕訣。初學讀之、每難索解、因分附於諸說之後。庶幾互相印證、較易了然。

一月將、謹遵協紀辨方書、交中氣後始可更換。如正月甲子日寅時雨水、當用亥將。若在丑時前占課、仍是子將之類。姚少師廣孝、超神法。陽從生數、陰從成數之說。殊不足信。

一涉害課、最難發用。當視所涉淺深、取爲初傳。『六壬大全』、所載古歌甚是。惜於復等課、柔辰剛日之說、未能掃除。其附列總鈐、不合法者、亦有十九課。『指南』、『經緯』、『類聚』、不論所涉淺深、但論所臨孟仲、雖曰簡易、失古遠矣。『尋原』輾轉鈔襲、謬誤益多。『粹言』略知其法、而所載之圖、仍未更正。『說約』雖論所涉淺深、而專視十二宮中所藏人元。如寅宮藏甲丙戊、未宮藏乙己丁之類。畫蛇添足、尤難盡信。茲遵『課經』、『課黔』、『輯略』、『睎斯』、及『古今圖書集成藝術典』等書、說明所涉淺深之次序、考訂三傳之是非。俾初學有所依據。末附六十花甲子日、七百二十課之三傳。備載重要名稱、以便檢查。

一貴人日夜順逆之分、諸書每有異同。茲遵『尋原』及『協紀辨方書』爲主。列圖設例、一一說明。

一行年之法、當遵『大全』、蓋天開於子、地闢於丑、人生於寅。故男一歲起丙寅順行。而女年取陰陽對待之義、一歲起壬申逆行。此易知簡能之理、振古如斯。後之變其說者、以男女所生各甲之丙壬起行年、殊屬無謂。茲恐學者疑慮、特列表以明之。

一壬課神煞甚多、頗難記憶。茲載德煞八種、爲斷課所必需。如布帛菽粟、日用所不可缺者。學者果能融會貫通、自可見微知著。慎毋謂平淡無奇、而忽視之。

一『課經』、『畢法』、議論精深、乃壬學之圭臬。惜卷帙浩繁、初學讀之、往往望而生畏、不能終篇。本書論斷篇、自占時月將、至破害刑衝。簡要不煩、大半取材於此。

一占事只須明白主客界限、及各種類神。然後就論斷篇、所列二十二章、一一推勘之。吉凶從違、自有定見。故本書只節錄經緯十三事、以資模範。其他分類斷語、千篇一律者、概不取。

一課體吉凶、關係綦重。『課經』、『心鏡』、所載、名目繁瑣、議論淵深、初學讀之、茫無涯際。『經緯』雖只列九十種。上自賊尅、下迄空亡、其大端已具。惜語多重複、徒占篇章、茲特刪繁就簡言之。

一本書薈萃諸家、注重實用。又蒙崑山張師芬敬甫審定。吳縣馮君士澂含青匡正。第恐見聞仍屬膚淺、遺漏孔多。尚望海內　高明、多方賜教、是所企祝。

參考書目

六壬心鏡八卷唐肅宗朝不欲子東海徐道符撰
六壬一字玉連環一卷宋盧溪徐次賓撰
六壬口鑑二卷宋徽宗朝邵彥和撰清雍正甲辰南村評註抄本
六壬占驗四卷撰人同前清光緒庚辰午亭氏抄本
六壬捷錄餘義一卷明尹希吉撰抄本
六壬金口訣六卷明萬曆二十四年丙申新安赤岸真陽子撰楊守一校
六壬大全十三卷明古溽郭載騋御青輯清康熙甲申刊本
六壬指南五卷明廣陵陳良謨公猷撰清康熙朝刊本
命理約言十卷清初相國海昌陳之遴素庵撰編中所論與六壬相通者頗多順治丁酉抄本
六壬精蘊二卷不著撰人名氏抄本
六壬未悟書一卷不著撰人名氏末署西蜀邛房徐良欲鋒程樹勳刊本

六壬滾盤珠 一卷不著撰人名氏抄本

六壬鬼撮甲 三卷不著撰人名氏抄本又有名苗公射覆鬼撮脚者刊本也

六壬銀河棹 二卷不著撰人名氏刊本

六壬經緯 六卷清京江毛志道撰雍正乙巳刊本

六壬纂要 一卷清海 周宗林明上輯雍正甲寅刊本

六壬輯略 四卷清 湖錢[illegible]美德輿輯乾隆朝抄本

六壬眎斯 二卷清 循葉[illegible]亭[illegible]乾隆乙未刊本

六壬說約 四卷清淞錢江村輯嘉慶庚申稿光緒丙戌刊本

六壬尋原 四卷清秀水張純照輯嘉慶庚午刊本

畢法集覽 一卷清古歙程樹勳愛函輯嘉慶辛未稿同治壬申刊本

壬學指要 十二卷不著撰人名氏嘉慶壬申瓊花觀道院道士吳秀山抄本

壬學瑣記 一卷清程樹勳愛函撰

寶日樓六壬黔 六卷清湖橋生輯道光甲辰抄本

六壬神應經四卷清桂林唐維經秀峯輯道光甲辰刊本
六壬粹言六卷清蛟門劉赤江慕農輯道光丙戌刊本
六壬類聚四卷清臨川紀大奎向辰輯刊本
六壬辨疑四卷清壽昌張官德炎功撰咸豐辛亥刊本
六壬摘要六卷清三籃李佃伯陶輯光緒甲午刊本
六壬游藝錄一卷清德清俞越蔭甫撰刊本
清御纂圖書集成藝術典六壬部第七百十五卷至七百四十七卷
史記
前漢書
高士傳
子史精華
四庫全書提要術數類
勸戒錄

卷上目錄

推演篇

卷下目錄

論斷篇

集說篇　先賢傳略附

大六壬探原卷上

潤德堂叢書之三

鎮江　袁樹珊著

推演篇

占時（即十二枝神）

凡推演六壬、先定地盤。地盤者何、卽子丑寅卯辰巳午未申酉戌亥之十二占時也。取法有三、不可不知。有用人口報之時爲占時者。有用雷擊棗木、製盒搖珠、視珠落某時、卽爲占時者。有用籌置桶中、視抽出某時、卽爲占時者。法雖不同、其爲得地盤之十二占時則一也。

六壬最重占時、如來人當面報時、不假思索、隨口而出、天機活潑、其靈異常、稍一遲疑、則爲人欲所蔽、斷難命中。

製盒須用雷擊棗木、擇十一月壬子日子時監造。圓徑六寸。上蓋下底、高可三寸。內容之底、中刻太極、其勢略凸、以坎離酌分子午、週圍再刻十二孔、以應十二時、內儲赤珊瑚珠一粒。演課之時、右手端正、從左旋轉、視珠落何時、卽以爲占時。

製籌亦用雷擊棗木、長六寸。闊三分。上圓下方、數須十二、每籌中刻一時。置檀香木桶中、以便抽掣。倘或供不勝求、儘可三倍其數、則每時有三位。隨抽隨納、自無缺乏之虞。演課之時、視來人所抽之籌爲某時、卽以此爲占時。

占時卽是地盤、由子至亥、乃一定之方位。學者必須細心摹擬、一一記熟、然後再講天盤。若地盤不熟、卽講天盤、勢必上下不分、徒亂人意。蓋地盤千載不移、天盤隨時流轉也。

口時

演占時式

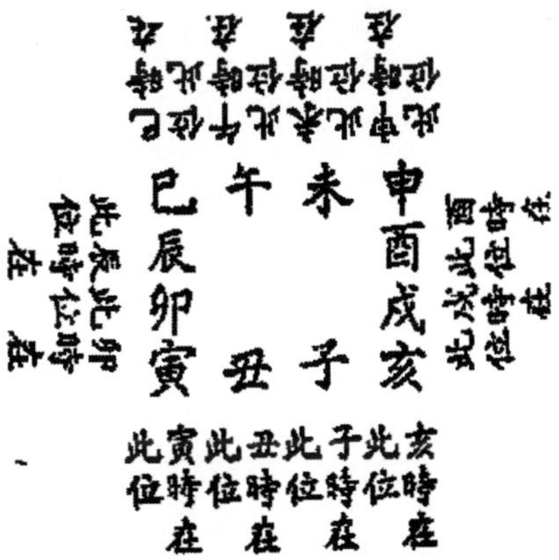

月將

占時既得、地盤已明。再用月將加時、自可錯綜參伍。月將者太陽也。位居天盤、隨占時而順布。每交中氣、立即變更。正月雨水後在亥。二月春分後在戌。三月穀雨後在酉。四月小滿後在申。五月夏至後在未、六月大暑後在午、七月處暑後在巳。八月秋分後在辰。九月霜降後在卯。十月小雪後在寅。十一月冬至後在丑。十二月大寒後在子。

假如正月雨水後演課、應用亥將。來人口報寅時、卽以亥將、加在地盤寅時之上、依次順排、子加卯、丑加辰、寅加巳、卯加午、辰加未、巳加申、午加酉、未加戌、申加亥、酉加子、戌加丑、卽是天盤。列式於左。

正月雨水後亥將寅時天盤式

巳	午	未	申
辰			酉
卯			戌
寅	丑	子	亥

天盤亥將地盤卯是寅時

二月春分後戌將寅時天盤式

辰	巳	午	未
卯			申
寅			酉
丑	子	亥	戌

天盤戌將地盤卯是寅時

幹枝

占時居於地盤。月將居於天盤。此二者既能會通。卽當以本日幹枝爲主。而陰陽五行生尅、由是推之。陽幹、甲丙戊庚壬。陰幹。乙丁己辛癸。陽枝、子寅辰午申戌。陰枝、丑卯巳未酉亥。五行、甲乙寅卯屬木、應於東方。丙丁巳午屬火、應於南方。庚辛申酉屬金、應於西方。壬癸亥子屬水、應於北方。戊己辰戌丑未屬土、應於中央。生尅、水生木、木生火、火生土、土生金、金生水、水尅火、火尅金、金尅木。木尅土、土尅水。

假如三月穀雨後演課、應用酉將。來人口報丑時。本日係甲子日。先將本日幹枝、從中空一格、寫在兩處、後起四課。列式於左。

（幹枝圖式）

甲
辰巳午未
卯　申
子、寅　酉（天盤酉將地盤卯是丑時）
丑子亥戌

四課

幹枝既布，即用十幹寄宮法、而取四課、歌訣云、甲課在寅乙課辰。丙戊課巳不須論。丁己課未庚申上。辛戌壬亥是其真。癸課原來丑宮坐。分明不用四正神。此歌訣皆指地盤而言、切須牢記。其法先看地盤本日幹、寄宮位上得何辰、爲第一課。再看第二課位上得何辰、爲第二課。又看本日枝上得何辰、爲第三課。再看第三課位上得何辰、爲第四課。

甲寄寅宮。乙寄辰宮。丙寄巳宮。丁寄未宮。戊寄巳宮　己寄未宮。庚寄申宮。辛寄戌宮。壬寄亥宮。癸寄丑宮。子午卯酉爲四正神，無寄宮。

假如甲子日演課、歌訣是甲課在寅、卽看地盤寅上所加之時。如所加是戌、卽於日幹甲上、寫一戌字。枝幹中間所空之處。亦寫一戌字。凡課皆如此、此是第一課。一課起後、再看地盤戌上所加之時。如所加是午、卽於戌上寫一午字。此是第二課。蓋寅上得戌、戌上得午也。二課起後，再看地盤子上所加之時。如所加是申、卽於日枝子上、寫一申字。子字之旁、亦寫一申字、如第一課戌字一樣。凡占皆如此、此是第三課。三課起後、再看地盤申上、所加之時。如所加是辰、卽於申上寫一辰字、此是第四課。列式於左。

戌甲　戌甲　戌甲　戌甲　辰巳午未
午戌　午戌　午戌　戌　卯　申
申子　申子　子　子　寅　酉
辰申　申　丑子亥戌（甲寄寅宮）

三傳

四課既成、乃取三傳、其式有九。曰賊尅。曰比用。曰涉害。曰遙尅。曰昴星。曰別責。曰八專。曰返吟。曰伏吟。

賊尅者）先取四課中、一下賊上者、爲初傳。（下尅上曰賊、）縱有二三上尅下、亦不論。如無一下賊上、方取上尅下爲初傳。（凡取尅爲用、不論上尅下尅、皆取上一字、不用下一字、）以初傳地盤上之枝爲中傳。中傳地盤上之枝爲末傳。下尅上、名（重審）。上尅下、名（元首）。

歌訣云、取課先從下賊呼。如無下賊上尅初。初傳之上名中次。中上加臨是末居。

假如二月春分後、甲子日、前課、甲課寄寅、寅上乘戌。第一課戌甲、下神甲木、賊上神戌土。而二課午戌、三課申子、四課辰申、俱無尅。卽以第一課戌爲用。書戌字於四課之上、卽初傳也。地盤戌上乘午、書午字於戌字之下、爲中傳。午上乘寅、書寅字於午字之下、爲末傳。名（重審）。因只有一下賊上、並無一上尅下、攙雜於其間。故又名始入。

此是戌將、寅時、

（重審）
戌
午
寅

辰	申	午	戌
申	子	戌	甲

辰	巳	午	未
卯			申
寅			酉
丑	子	亥	戌

甲寄寅宮

假如四月小滿後演課、應用申將。丁丑日、搖得子時。第一課卯丁、第二課亥卯、第三課酉丑、俱無尅。惟第四課巳酉、巳火尅酉金、是上尅下、卽以巳爲用。書巳字於四課之上、卽初傳也。地盤巳上乘丑、書丑字於巳字之下爲中傳。丑上乘酉、書酉字於丑字之下爲末傳。名（元首）。

（元首）
巳
丑
酉

卯丁　辰巳午未
亥卯　[illegible]卯　申
酉丑　寅　酉
巳酉　丑子亥戌

（比用者）以四課中有兩三箇下尅上、則就相尅之中、取與日幹陰陽相比和者爲初傳。或有兩三箇上尅下、亦就相尅之中、取與日幹陰陽相比和者爲初傳。如甲陽日、用子寅等陽枝。乙陰日、用丑卯等陰枝。其中末亦同上例。皆名（比用）亦名（知一）。覩月經云、二下賊上爲（比用）。二上尅下爲（知一）。此說尤精。

歌訣云、下賊或三二四侵。如逢上尅亦同云。常將天日比神用。陽日用陽陰用陰。若遇俱比俱不比。立法別有涉害陳。

假如七月處暑後演課、應用巳將。戊寅日、抽得子時、卽以地盤子上起巳時。丑上坐午、排至亥上坐辰爲止。戊寅日、戊課寄巳。巳上乘戌、第一課戌戊不尅。第二課卯戌、卯木尅戌土、上尅下不論。第三課未寅、寅木尅未土屬陰、第四課子未、未土尅子水屬陽、是兩賊矣。然戊爲陽日、以陽爲比、則以子之陽水爲用、而不取未之陰土、卽書子字於四課之上爲初傳。地盤子上乘巳、書巳字於子字之下爲中傳。巳上乘戌、書戌字於巳字之下爲末傳。名(比用)。

子	未	卯	戌
未	寅	戌	戊

戊寄巳宮

戌	亥	子	丑
酉			寅
申			卯
未	午	巳	辰

(比用)子巳戌

(涉害者)四課中有兩三四箇下尅上、或兩三四箇上尅下、而與日幹陰陽或俱比、或俱不比、則各就所尅之處、歷歸本位。上尅者以尅我多者爲初傳。下尅者以我所尅多者爲初傳。如以酉金論、逢巳火午火、及巳下寄宮之丙火、未下寄宮之丁火、皆尅我者也。逢寅木卯木、及寅下寄宮之甲木、辰下寄宮之乙木、皆我所尅者也。擇其尅多者而用之、其中末亦同上例、是名涉害。如涉害淺深相等、則取地盤上當寅申巳亥四孟者爲初傳。是名（見機。）

如無當四孟者、則取地盤上當子午卯酉四仲者爲初傳。是名（察微。）

如又無當四仲、而孟神又相等者。惟戊辰日一課。取幹上子爲初傳、是名綴瑕。（又戊辰戊戌日返吟、當作綴瑕取用。）

按十幹寄宮歌訣有云、分明不用四正神。四正神者、卽子午卯酉。正北正南正東正西。四正枝神也。前賢謂子丑寅卯等、爲十二枝神。與此義相通。此條云取幹上之神爲初傳。乃指天盤十二枝神言。與下篇所載（貴人）（螣蛇）等、十二天將迥異。閱者宜鑒別之。餘倣此。

歌訣云、涉害行來本家止。路逢多尅發用奇。孟爲見機仲察微。復等戊幹日上宜。（復等）一名（綴瑕）

假如正月甲辰日亥將卯時、第一課戌甲、甲木尅戌土、是下尅上。戌到本位、歷有八路、涉卯木爲一重害。涉辰之寄宮乙木、爲二重害。連同甲木寅木、共爲四重害。（因甲木寄宮在寅、故以兩重害論。）第三課子辰、辰土尅子水、亦是下尅上。子到本位、亦歷有八路、涉辰土爲一重害。（此辰字當作土看莫誤謂乙木寄宮也）涉巳之寄宮戊土、爲二重害。涉未土爲三重害。連同未之寄宮巳土、爲四重害。（言未又言巳者、因巳土寄宮在未也。）涉戌土爲五重害。較之日上實多一重、此爲涉害之深者。故取子爲初傳。地盤子上乘申、書申字於子字之下爲中傳。申上乘辰、書辰字於申字之下爲末傳。名（涉害。）

申	子	午	戌
子	辰	戌	甲

		己	未	
戌	丑	寅	卯	辰
辰	子	乙		巳
	亥	卯		午
	戌	酉	申	未
甲	寅			

涉害）子
申
辰

按課經云、涉渡也。害尅也。凡課有二上尅下、或二下尅上、與今日俱比、俱不比、則以涉地盤歷數、歸於本家。取受尅深者發用。有過歷艱難險阻之象、是名（涉害）。如涉害俱深、則取四孟上神發用。是名（見機。）無孟、則取四仲上神發用。是名（察微）。如孟仲季復又相等、則陽日取幹兩課先見者、陰日取枝兩課先見者發用。是名（綴瑕）。其次序有四、名稱亦有四。細考之、取受尅深發用者、得（涉害）六十三課。涉害俱深、取孟上神發用者、得（見機）九課。涉害俱深、取仲上神發用者、得（察微）二課。涉害俱深、孟上神復又相等、取幹上神發用者、得（綴瑕）一課。戊辰日、幹上子是也。又（返吟）、類（綴瑕）發用者二課。戊辰、戊戌日、幹上亥是也。課經謂孟仲季復又相等云云、似有衍文。蓋孟神相等者、只有戊日屬陽三課、其他各幹並無仲季復相等者。故本書歌訣云、孟為見機仲察微、復等戊幹日上宜。以紀其實。查「經緯』『指南』『尋原』『類聚』『粹言』等書、皆不論所涉淺深。但云四課中有二三四下尅上、或二三四上尅下、將與幹、陰陽俱比、俱不比。經緯所云將字、作神字解、非天將也，下倣此。則取寅申巳亥位上爲初傳。見機如無寅申巳亥則取子午卯酉位上爲初傳。察微或俱是寅申巳亥所乘、涉害相等、惟巳亥上有之、並無寅申上者。或俱是子午卯酉所乘、四仲上無涉害相等者。陽日幹、則取幹兩課先見之將爲初傳。陽幹只戊日有之、並無甲丙庚壬者。取幹上神爲初傳可矣。何必曰取幹兩課先見者。陰日幹、則取枝兩課先見之將爲初傳、綴瑕、乙丁巳辛癸五陰幹、無此例。其次序較課經實少一層。而所少者乃是涉害本體。首論下尅上尅、歷歸本家、淺深取用之法。即歌訣云、涉害行來本家止。路逢多尅發用奇。是也。今『經緯』等書、棄此不論、但取孟上仲上及幹枝先見者發用。是只有（見機）（察微）（綴瑕）而無涉害也。殊不知前賢定名、以（涉害）、爲綱、（見機）（察微）（綴瑕）爲目。今反捨綱言目、雖曰簡易、失古遠矣。『六壬說約』雖論（涉害）淺深、而不知歷數歸家之法、專視地盤十二宮中所藏人元、如寅藏甲丙戊、未藏乙己丁之類、愈加支離。至（綴瑕）課則置而不論、尤屬疏漏『大全』

所載歌訣甚是、惜於(綴瑕)課、一名復等、仍有柔辰剛日之說、究難盡信。茲編謹遵『課經』『課黔』『輯略』『眎斯』及『圖書集成藝術典』、詳加考正。凡(涉害)之三傳、有與(經緯)等書不同者、二十四課。又(返吟)作(綴瑕)取用者二課。備載於此、藉資考核。其他各課三傳、概不訛誤。詳見六十花甲日三傳中。

甲申日、幹上戌。三傳子申辰。戌加甲、僅四重尅。子加辰、有五重尅。故取子爲初傳。有謂取孟上神爲用。三傳戌午寅者非是。

甲午辰日、幹上子。三傳寅子戌，戌加子、僅二重尅。寅加辰、有六重尅。故取寅爲初傳、有謂取仲上神爲用。三傳戌申午者非是。

甲辰日、幹上未。三傳子巳戌。寅加酉、僅二重尅。子加未、有三重尅。故取子爲初傳。有謂取仲上神爲用。三傳寅未子者非是。

甲辰日、幹上戌。三傳子申辰。戌加甲、僅四重尅。子加辰、有五重尅。故取子爲初傳。有謂取孟上神爲用。三傳戌午寅者非是。

乙卯日、幹上寅。三傳亥酉未。丑加卯、僅二重尅。亥加丑、有六重尅。故取亥爲初傳、有謂取仲上神爲用。三傳丑亥酉者非是。

乙卯日、幹上申。三傳亥卯未。未加卯、僅二重尅。亥加未、有三重尅。故取亥爲初傳。有謂取仲上神爲用。三傳未亥卯者非是。

乙卯日、幹上亥。三傳午丑申。戌加卯、僅二重尅。午加亥、有四重尅。故取亥爲初傳。有謂取仲上神爲用。三傳戌巳子者非是。

丁卯日。幹上巳。三傳亥酉未。丑加卯、僅二重尅。亥加丑、有六重尅。故取亥爲初傳。有謂取仲上神爲用。三傳丑亥酉者非是。

丁卯日、幹上亥。三傳亥卯未。未加卯、僅二重尅。亥加未、有三重尅。故取亥爲初傳。有謂取仲上神爲用。三傳未亥卯者非是。

己卯日、幹上巳。三傳亥酉未。丑加卯、僅二重尅。亥加丑。有六重尅。故取亥爲初傳。有謂取仲上神爲用。三傳丑亥酉者非是。

己卯亥日、幹上亥。三傳亥卯未。未加卯、僅二重尅。亥加未、有三重尅。故取亥爲初傳。有謂取仲上神爲用。三傳未亥卯者非是。

己丑酉日、幹上卯。三傳卯亥未。巳加酉、僅二重尅。卯加巳、有四重尅。故取卯爲初傳。有謂取孟上神爲用。三傳巳丑酉者非是。

庚午寅日、幹上辰。三傳子申辰。戌加庚、僅四重尅。子加辰、有五重尅。故取子爲初傳。有謂取孟上神爲用。三傳戌午寅者非是。

庚午辰日、幹上午。三傳寅子戌。午加庚、僅四重尅。寅加辰、有六重尅。故取寅爲初傳。有謂取孟上神爲用。三傳午辰寅者非是。

辛卯日、幹上寅。三傳亥卯未。未加卯、僅二重尅。亥加未、有三重尅。故取亥爲初傳。有謂取仲上神爲用。三傳未亥卯者非是。

辛卯日、幹上申。三傳亥酉未。丑加卯、僅二重尅。亥加丑、有六重尅。故取亥爲初傳。有謂取仲上神爲用。三傳丑亥酉者非是。

癸酉日、幹上申。三傳亥午丑。卯加申、僅四重尅。亥加辰、有五重尅。故取亥爲初傳。有謂取孟上神爲用。三傳卯戌巳者非是。

癸未□、幹上酉。三傳卯亥未。巳加酉、僅二重尅。卯加未、有四重尅。故取卯爲初傳。有謂取仲上神爲用。三傳巳丑酉者非是。

癸卯日、幹上亥。三傳亥酉未。丑加卯、僅二重尅。亥加丑、有六重尅。故取亥爲初傳。有謂取仲上神爲用。三傳丑亥酉者非是。

又（返吟）二課作（綴瑕）取用者、亦名（復等）

戊辰戊戌日、幹上亥。三傳亥巳亥。（亥加戌、有四重尅。巳加亥、亦有四重尅。亥加戌、戌寄宮在巳爲孟。巳加亥亦爲孟。此名復等課。）

（戊日屬陽。故取幹上先見之亥爲初傳。有謂三傳巳亥巳者非是。）

如六月丙子日、午將亥時。一課子丙、二課未子、三課未子、四課寅未、此乃四上尅下。二三兩課相重、謂之不備。且未爲陰枝、與陽幹丙不比。取子寅二神、與日比者論。子由巳上歷歸本位、經丙巳午丁四重尅、寅由亥上歷歸本位、亦經未巳戌丑四重尅、是涉害淺深相等。寅加未乃季上不取。當取子加巳孟上神爲初傳。中末傳同前例。名（見機）。

子丙　未子　未子　寅未

卯辰巳午（戊）
寅（丁巳　未）　未
丑（午）　申（丑）
子亥戌酉（巳丙）

（見機）子未寅

如四月庚午日、申將辰時。一課子庚、二課辰子、三課戌午、四課寅戌、此四課中、辰土尅子水、寅木尅戌土、是二上尅下、俱係陽神、俱與日幹相比。以辰由子上涉歸本位、經子癸二重尅、以寅由戌上涉歸本位、亦經戌丑二重尅、是涉害又復相等。查辰寅二神、俱非臨孟、當取辰加子、仲上神爲初傳。中末同前例。名（察微）。

子庚　辰子　戌午　寅戌

子　亥　戌　酉申未午
丑寅卯　癸
辰子　巳　丑癸

（察微）
辰
申
子

如十二月戊辰日子將巳時。一課子戊、二課未子、三課亥辰、四課午亥、三下賊上、而亥與日幹戊不比、卽不取。子午二神、與日幹戊相比、而歷歸本家、又俱經四重尅、子加巳、午加亥、又俱爲孟上神、是涉害孟神皆相等。戊係陽日、則取幹上先見之子爲初傳。中末同前例。名（

綴瑕）亦名（復等）。

（瑕綴）子未寅

子戌　卯辰巳午　亥壬
未子　未（倒）寅未　子
亥辰　巳（倒）丑申　癸
午亥　戌（倒）子亥戌酉

（遙尅者）四課中俱無上下尅、則取二三四課來尅日幹者爲初傳。是名（嚆矢）。如二三四課不尅日幹、則取幹尅二三四課爲初傳、是名（彈射）。若兩神尅日幹、或日幹尅兩神、亦擇神與日幹陰陽相比者爲初傳。其中末亦同上例。

歌訣云、四課無尅用尋遙。日與神兮遞互招。先取神遙尅其日。如無方取日來遙。復有兩神來尅日。或有日去尅兩神。當擇日幹比者用。陽日用陽陰用陰。

如七月壬辰日巳將寅時。四課上下俱無尅、而第三課。第四課、未戌兩神、來尅日幹。壬係陽幹、未乃陰枝、與日不比。戌爲陽枝、與日相比。則取戌爲初傳、中末同上例。名(嚆矢)。

戌未 未辰 巳寅 寅壬

亥子丑寅
戌　　卯
酉　　辰
申未午巳

(嚆矢)
戌丑辰

如五月壬申日未將辰時、四課上下無尅、又無二三四課來尅日幹。則取日幹遙尅第二課巳火爲初傳。中末傳同上例。名(彈射)

寅亥 亥申 巳寅 寅壬

亥子丑寅
戌　　卯
酉　　辰
申未午巳

(彈射)
巳申亥

(昴星)者、四課俱備、而無上下尅、又無遙尅、則取(昴星)爲用。如陽日、取地盤酉上之神爲初傳、枝上之神爲中傳、幹上之神爲末傳、是名

（虎視）。陰日取天盤酉下之神爲初傳、幹上之神爲中傳。枝上之神爲末傳、是名（冬蛇掩目）。

歌訣云、無尅無遙覓昴星。陽仰陰俯酉中神。剛日先辰而後日。柔日先幹而後辰。

按四課全備。方取（昴星）。如止三課無尅、則不取（昴星）。當用（別責）矣。

如戊寅日子將申時。一課酉戌、二課丑酉、三課午寅。四課戌午、四課俱備、而無上下尅、又無遙尅、應取（昴星）。戊係剛日、仰取地盤酉上之丑爲初傳、枝上午爲中傳、幹上酉爲末傳、名（虎視）。

（虎視）
丑
午
酉

戌	午	丑	酉
午	寅	酉	戌

午	未	申	酉
巳			戌
辰			亥
卯	寅	丑	子

如丁亥日卯將子時。一課戌丁、二課丑戌、三課寅亥、四課巳寅、四課俱備、而又無遙尅、應取(昴星)。丁爲柔日、俯取酉下之午爲初傳、幹上戌爲中傳、枝上寅爲末傳、名(冬蛇掩目)。

(冬蛇掩目)
午
戌
寅

戌	丑	寅	巳
丁	戌	亥	寅

亥子丑寅
戌　　卯
酉　　辰
申未午巳

(別責者)四課中有一課相重複、只算三課。如第二課與枝上同、或第四課與幹上同、皆棄之不用、名爲(不備)。只看三課中、有尅則用尅。若無下尅上尅遙尅、而亦非四課俱備之(昴星)、則(別責)合神爲初傳。若陽日則取幹合之上神爲初傳。凡甲與己合、乙與庚合、丙與辛合、丁與壬合、戊與癸合。若甲日則取己之寄宮未上神爲初傳。己日則取甲之寄宮寅上神爲初傳。餘可類推。若陰日則取日枝前三合爲初傳。如子日越丑寅卯、取辰爲初傳。辰日越巳午未、取申爲初傳。申子辰三合也。亥日越子丑寅、取卯爲初傳。卯日越辰巳午、取未爲初傳。亥卯未三合也。中末俱用幹上之神。(別責)亦名(蕪淫)

歌訣云、四課不全三課備。無尅無遙別責視。剛日幹合上頭神。柔日枝前三合取。皆以天上作初傳。陰陽中末幹中寄。

按天上、卽天盤之枝。他書有誤以柔日取三合上頭神爲用者、非是。觀於剛日指明幹合上頭。柔日但云枝前三合。卽知此義。

如丙辰日午將巳時。一課與第四課同、乃四課不全、無上下尅、又無遙尅。丙乃剛日、取幹合上神爲用。丙與辛合、辛寄宮在戌、戌上是亥、卽取亥爲初傳、中末俱用幹上午。名(別責)。

(別責)

亥
午
午

午	巳	未	午
巳	辰	午	丙

午	未	申	酉
巳	伏吟		戌
辰			亥
卯	寅	丑	子

如辛酉日亥將子時。第二課與第三課同、既無賊尅。又無遙尅。辛乃柔日、取三合前枝為用。枝三合、乃巳酉丑。丑在酉前、即取丑為初傳、中末俱用幹上酉。名(別責)。

酉辛　未申酉戌
申酉　午　亥
申酉　巳　子
未申　辰卯寅丑

(別責)
丑
酉
酉

(八專者)幹枝同位、止有二課。甲寅日幹枝同寅。庚申日幹枝同申。癸丑日幹枝同丑。丁未己未日幹枝同未。若二課內有下尅上尅仍用尅。若無上下尅、不取遙尅。剛日則以第一課上神，在天盤順數三神為用。如子則順數子丑寅、以寅為初傳。柔日則以第四課上神、在天盤逆數三神為用。如子則逆數子亥戌、以戌為初傳。其中末俱用幹上之神。若順數逆數、而俱同幹上之神、則三傳皆歸一神、是名(獨足)。凡占不利。

歌訣云、兩課無尅號八專。陽日日陽順行三。陰日辰陰逆三位。中末總歸日上眠。八專、亦名帷簿不修、

如甲寅日子將卯時。幹枝同位、上下無尅、止得二課、不取遙尅。甲乃剛日、以日上亥、在天盤順數三神至丑、以丑爲初傳。中末俱用幹上亥。名(八專)。

亥甲　巳午未申
申亥　辰　　酉
亥寅　卯　　戌
申亥　寅丑子亥

(八專)　丑亥亥

如丁未日丑將戌時。幹枝同位、止有二課、上下無尅。丁乃柔日、以第四課上之丑、在天盤逆數三神至亥、取亥爲初傳、中末俱用幹上戌。名(八專)。

戌丁　亥子丑寅

丑戌　戌　卯
戌未　酉　辰
丑戌　申未午巳

(八專)
亥戌戌

如己未日午將辰時。兩課無尅。己乃陰日、以第四課上之亥、在天盤逆數三神至酉、取酉爲初傳、中末俱用幹上酉。名(獨足)。

酉巳　戌亥子丑
亥酉　酉　寅
酉未　申　卯
亥酉　未午巳辰

(獨足)
酉酉酉

(返吟者)。乃天盤地盤、子居午位、午居子位、十二神各臨衝射之位也。此課如賊尅少者、仍用(重審)(元首)例取初傳。賊尅多者、仍用(知一)(涉害)例取初傳。而中用初衝、末用中衝、是名(無依)。若辛未、辛丑、丁丑、己丑四日。遇此課而無賊尅者。得以驛馬爲用。凡驛馬、申子辰居寅。寅午戌居申。巳酉丑居亥。亥卯未居巳。如辛未日，驛馬在巳，則以巳爲初傳。中取枝上神。末取幹上神，是名（無親），亦名（井欄射）。外有丁未己未二日，俱以巳爲初傳，中末傳皆用幹上神者，以屬（八專）故也。

歌訣云：返吟有尅仍爲用。無尅別有井欄名。若知六日該無尅。丑未同幹丁巳辛。丑日登明未太乙。辰中日末識原因。亥爲登明巳爲太乙

按辰卽枝。日卽幹。辰中日末者，卽枝上神爲中傳。幹上神爲末傳。是也。

如庚戌日亥將巳時。以一課寅庚，下尅上爲用。初傳寅，寅衝申，申爲中傳。申衝寅，寅爲末傳。名（無依）。

寅庚　寅卯辰巳
申寅　丑　午
辰戌　子　未

（無依）
寅
申
寅

如辛丑日申將寅時。四課無尅，取驛馬爲用。巳酉丑馬在亥、即以亥爲初傳。中傳用枝上未、末傳用幹上辰。名（無親）。

戌辰　亥戌酉申
辰辛　寅卯辰巳
戌辰　丑　午
未丑　子　未
丑未　亥戌酉申

（無親）
亥
未
辰

（伏吟者）子加子、丑加丑、寅加寅之類、天地盤皆同、故名（伏吟）。所取三傳、止是一字、故取之於刑衝。刑者、寅刑巳、巳刑申、申刑寅、丑刑戌、戌刑未、未刑丑。子刑卯、卯刑子、辰午酉亥、自刑也。衝者、子衝午、丑衝未、寅衝申、卯衝酉、辰衝戌、巳衝亥也。此課有下賊上尅者、惟乙癸兩幹。癸日用上尅爲初傳，中取初刑，末取中刑，是名（不虞）。乙日用下賊爲初傳、而初傳皆值自刑、必須取枝上神爲中、中刑爲末。如中又自刑、則取中衝爲末、法與(杜傳)例同。其餘八幹、既無下賊上剋、又不取遙剋、陽日則取幹上神爲初傳、初刑爲中。中刑爲末、是名(自任)。陰日則取枝上神爲初傳、初刑爲中、中刑爲末、是名(自信)。如初自刑、陽日則取枝上神爲中傳、陰日則取幹上神爲中傳。如中又自刑、則皆取中衝爲末傳、是名(杜傳)。

歌訣云、伏吟有剋還爲用。無剋剛幹柔取辰。迤還刑之作中末。從玆玉歷審其真。若也自刑爲發用。次傳顛倒日辰併。次傳更復自刑者。衝取末傳不論刑。

按伏吟有剋、仍取賊剋爲用。如無賊剋，陽日則取幹上神爲初傳。陰日則取枝上神爲初傳。迤還刑之者、卽中末用刑之謂。發用者，初傳也。日者幹也。辰者枝也。如初傳自刑、陽日則取枝上神爲中傳。陰日則取幹上神爲中傳。故曰顛倒日辰。次傳中傳也。如中傳再見自刑、則取中衝爲末傳，不必論刑矣。丁巳辛三卯日、初傳卯、中傳子、末傳午。中傳雖非自刑、亦當取中衝爲末傳。此又不可不知。

如癸丑日子將子時。一課丑癸、依例取尅爲用、丑爲初傳。丑刑戌、戌爲中傳。戌刑未、未爲末傳。名(伏吟)。亦名(不虞)。

(不虞)
丑
戌
未

丑癸　丑丑　丑丑　丑丑

申酉戌亥
未　　子
午　　丑
巳辰卯寅

如丙辰日寅將寅時。課中無尅、丙乃剛日、取日上巳爲初傳。巳刑申、申爲中傳。申刑寅、寅爲末傳。名(自任)。

(自任)
巳
申
寅

巳丙　巳巳　辰辰　辰辰

申酉戌亥
未　　子
午　　丑
巳辰卯寅

如丁丑日申將申時。課中無尅、丁乃柔日、取辰上之丑爲初傳。丑刑戌、戌爲中傳、戌刑未、未爲末傳。名（自信）。

未丁　申酉戌亥
未未　未　子
丑丑　午　丑
丑丑　巳辰卯寅

（自信）
丑
戌
未

如壬辰日亥將亥時。課中無尅乃壬剛日取幹上亥爲初傳、亥乃自刑、取枝上辰爲中傳。辰又係自刑、則取辰衝戌爲末傳。

亥壬　申酉戌亥
亥亥　未　子
辰辰　午　丑
辰辰、巳辰卯寅

（杜傳）
亥
辰
戌

按以上所列九課三傳之法、盡備於斯。若提要言之、一賊尅）。得始入，一百零四課。四課中、並無上尅下。只有一下賊上。即取一下賊上爲初傳。又（重審）一百十四課。四課中、有一二三上尅下。而又有一下賊上。即取一下賊上為初傳。又（元首）一百十九課。四課中、並無下賊上。只有一上尅下。即取一上尅下為初傳。二（比用）。得五十三課。二下賊上。取與日幹相比者為初傳。又（知一）、二十九課。二上尅下。亦取與日幹相比者為初傳。三（涉害）。得六十三課。論所涉淺深。取為初傳。又（見機）九課。所涉淺深俱相等、故取孟上神為初傳。（察微）二課。所涉淺深俱相等。而又無孟神、故取仲上神為初傳。（綴瑕）一課。所涉淺深固相等。而又同臨孟上。故取幹上神為初傳。四（遙尅）得（嚆矢）四十課、取神遙尅日者為初傳。又（彈射）二十五課。取日遙尅神者為初傳。五（昴星）得（虎視）四課。陽日取酉上神為初傳。又（冬蛇掩目）十二課。陰日取酉下神為初傳。六（別責）得九課。戊辰、戊午、丙辰各一課。辛未二課。辛丑二課。丁酉、辛酉、各一課。七（八專）得十六課。甲寅日二課。庚申日四課。丁未日四課。己未日五課。又獨足一課。八（返吟）得（無依）五十四課。此皆有賊尅者、中有類始入二課。類重審二十八課。類元首二課。類比用十六課。類涉害四課。類綴瑕二課。又（無親）六課。此皆無賊尅者。中有類八專二課。九（伏吟）得（不虞）六課。六癸日。取一上尅下為初傳。類元首矣。又（自任）二十四課。課無賊尅。又不取遙尅。陽日取幹上神為初傳。（自信）九課。課無賊尅。又不取遙尅。陰日取枝上神為初傳。（杜傳）二十一課。凡初傳自刑者皆是。惟六乙日雖是杜傳。取一下賊上為用。類始入矣。合之為七百二十課。散布於六十花甲日之中、初學頗難記憶、茲特將各課三傳考訂於後。並載重要名稱、俾便查閱。中有（涉害）二十四課、當取受尅深者爲用。返吟二課、當作（綴瑕）例取用。與『經緯』等書不同。故加改正二字、以示區別。丁己辛三卯日、三傳均卯午子、中傳雖非自刑、而末取中衝、名雖自信、而類杜傳矣。

（甲子日）

幹上子　戌申午　元首	幹上丑　子亥戌　比用	幹上寅　寅巳申　自任	幹上卯　辰巳午　重審
幹上辰　辰午申　重審	幹上巳　申亥寅　始入	幹上午　辰申子　元首	幹上未　子巳戌　比用

（乙丑日）

幹上申　寅申寅　無依涉害	幹上酉　寅酉辰　知一	幹上戌　戌午寅　始入	幹上亥　午卯子　元首
幹上子　巳丑酉　元首	幹上丑　丑戌未　始入	幹上寅　亥酉未　始入	幹上卯　子亥戌　始入
幹上辰　辰丑戌　杜傳始入	幹上巳　寅卯辰　元首	幹上午　申戌子　重審	幹上未　未戌丑　始入
幹上申　酉丑巳　重審	幹上酉　寅未子　重審	幹上戌　戌辰戌　無依始入	幹上亥　卯戌巳　比用

（丙寅日）

幹上子　子未寅　知一	幹上丑　戌午寅　始入	幹上寅　亥申巳　嚆矢	幹上卯　丑亥酉　重審
幹上辰　子亥戌　比用	幹上巳　巳申寅　自任	幹上午　辰巳午　始入	幹上未　辰午申　始入

（丁卯日）

申幹上	申亥寅	重審
酉幹上	酉丑巳	始入
戌幹上	子巳戌	比用
亥幹上	寅申寅	無依比用
子幹上	巳戌卯	重審
丑幹上	卯酉卯	無依重審
寅幹上	戌巳子	重審
卯幹上	未卯亥	元首
辰幹上	子酉午	嚆矢
巳幹上	亥酉未	改正涉害
午幹上	丑子亥	始入
未幹上	卯子午	杜傳

（戊辰日）

申幹上	辰巳午	涉害
酉幹上	酉亥丑	始入
戌幹上	酉子卯	始入
亥幹上	亥卯未	改正涉害
子幹上	子未寅	綴瑕
丑幹上	子申辰	始入
寅幹上	寅亥申	元首
卯幹上	丑亥酉	重審
辰幹上	卯寅丑	元首
巳幹上	巳申寅	自任
午幹上	寅午午	別責
未幹上	申戌子	重審

（己巳日）

申幹上	亥寅巳	彈射
酉幹上	子辰申	彈射
戌幹上	寅未子	重審
亥幹上	亥巳亥	無依綴瑕
子幹上	巳戌卯	比用
丑幹上	巳亥巳	無依重審
寅幹上	酉辰亥	涉害
卯幹上	卯亥未	元首
辰幹上	寅亥申	嚆矢
巳幹上	丑亥酉	始入
午幹上	卯寅丑	元首
未幹上	巳申寅	自信

（庚午日）

申幹上	申申午	冬蛇掩目
酉幹上	亥丑卯	彈射
戌幹上	申亥寅	始入
亥幹上	酉丑巳	涉害
子幹上	辰申子	察微
丑幹上	辰酉寅	知一
寅幹上	寅申寅	無依涉害
卯幹上	戌巳子	比用
辰幹上	子申辰	改正涉害
巳幹上	巳寅亥	元首
午幹上	寅子戌	改正涉害
未幹上	午巳辰	嚆矢

（辛未日）

申幹上 申寅巳 自任
子幹上 寅辰午 彈射
辰幹上 巳丑辰 無祿井欄射
酉幹上 戌未酉 虎視
丑幹上 亥丑丑 別責
巳幹上 酉辰亥 涉害
戌幹上 申戌子 涉害
寅幹上 亥卯未 比用
午幹上 卯亥未 知一
亥幹上 酉子卯 始入
卯幹上 巳戌卯 涉害
未幹上 亥未未 別責

（壬申日）

申幹上 午辰寅 元首
子幹上 丑寅卯 元首
辰幹上 辰酉寅 元首
酉幹上 巳辰卯 嚆矢
丑幹上 子寅辰 重審
巳幹上 寅申寅 無依比用
戌幹上 未丑戌 自信
寅幹上 巳申亥 彈射
午幹上 午丑申 涉害
亥幹上 申亥申 冬蛇掩目
卯幹上 未亥卯 重審
未幹上 子申辰 重審

（癸酉日）

申幹上 巳寅亥 元首
子幹上 未午巳 嚆矢
辰幹上 辰未戌 元首
酉幹上 午辰寅 元首
丑幹上 丑戌未 不虞元首
巳幹上 酉丑巳 涉害
戌幹上 戌酉申 元首
寅幹上 亥子丑 始入
午幹上 未子巳 比用
亥幹上 亥申寅 杜傳
卯幹上 丑卯巳 元首
未幹上 卯酉卯 無依

（甲戌日）

重審
申幹上 亥午丑 改正涉害
子幹上 午辰寅 涉害
辰幹上 辰午申 涉害
酉幹上 巳丑酉 元首
丑幹上 子亥戌 比用
巳幹上 申亥寅 始入
戌幹上 午卯子 涉害
寅幹上 寅巳申 自任
午幹上 寅午戌 元首
亥幹上 未巳卯 嚆矢
卯幹上 辰巳午 比用
未幹上 子巳戌 比用

（乙亥日）

申幹上 寅申寅 無依重審
子幹上 未卯亥 見機
辰幹上 辰亥巳 杜傳始入
酉幹上 子未寅 知一
丑幹上 丑戌未 重審
巳幹上 丑寅卯 元首
戌幹上 戌午寅 始入
寅幹上 酉未巳 嗃矢
午幹上 申戌子 重審
亥幹上 申巳寅 嗃矢
卯幹上 戌酉申 元首
未幹上 未戌丑 始入

（丙子日）

申幹上 未亥卯 重審
子幹上 子未寅 見機
辰幹上 戌酉申 知一
酉幹上 寅未子 重審
丑幹上 申辰子 彈射
巳幹上 巳申寅 自任
戌幹上 巳亥巳 無依比用
寅幹上 午卯子 元首
午幹上 寅卯辰 知一
亥幹上 午丑申 重審
卯幹上 丑亥酉 重審
未幹上 辰午申 始入

（丁丑日）

申幹上 申亥寅 始入
子幹上 巳戌卯 重審
辰幹上 子辰戌 冬蛇掩目
酉幹上 酉丑巳 重審
丑幹上 亥未丑 無親井欄射
巳幹上 亥酉未 始入
戌幹上 巳戌卯 重審
寅幹上 卯戌巳 重審
午幹上 子亥戌 始入
亥幹上 午子午 無依比用
卯幹上 巳丑酉 元首
未幹上 丑戌未 自信

（戊寅日）

申幹上 申酉戌 重審
子幹上 子未寅 重審
辰幹上 子亥戌 比用
酉幹上 酉亥丑 重審
丑幹上 戌午寅 始入
巳幹上 巳申寅 自任
戌幹上 午戌辰 冬蛇掩目
寅幹上 寅亥申 元首
午幹上 辰巳午 始入
亥幹上 酉丑巳 重審
卯幹上 丑亥酉 重審
未幹上 辰午申 始入

（己卯日）

幹上	三傳	課名
申幹上	申亥寅	始入
酉幹上	丑午酉	虎視
戌幹上	子巳戌	比用
亥幹上	寅申寅	無依比用
子幹上	巳戌卯	比用
丑幹上	卯酉卯	無依重審
寅幹上	戌巳子	重審
卯幹上	未卯亥	見機
辰幹上	子酉午	彈射
巳幹上	亥酉未	改正涉害
午幹上	丑子亥	始入
未幹上	卯子午	杜傳

（庚辰日）

幹上	三傳	課名
申幹上	辰巳午	始入
酉幹上	亥丑卯	彈射
戌幹上	酉子卯	始入
亥幹上	亥卯未	改正涉害
子幹上	辰申子	元首
丑幹上	寅未子	始入
寅幹上	寅申寅	無依重審
卯幹上	午丑申	涉害
辰幹上	子申辰	重審
巳幹上	巳寅亥	元首
午幹上	寅子戌	改正涉害
未幹上	卯寅丑	元首

（辛巳日）

幹上	三傳	課名
申幹上	申寅巳	自任
酉幹上	午未申	嚆矢
戌幹上	申戌子	涉害
亥幹上	寅巳申	彈射
子幹上	寅辰午	彈射
丑幹上	申亥寅	始入
寅幹上	酉丑巳	比用
卯幹上	卯申丑	重審
辰幹上	巳亥巳	無依重審
巳幹上	未寅酉	涉害
午幹上	午寅戌	元首
未幹上	寅亥申	彈射

（壬午日）

幹上	三傳	課名
申幹上	丑亥酉	重審
酉幹上	卯寅丑	元首
戌幹上	巳申寅	自信
亥幹上	午未申	嚆矢
子幹上	丑寅卯	元首
丑幹上	申戌子	重審
寅幹上	酉子卯	始入
卯幹上	未亥卯	重審

幹上辰	辰酉寅	知一
幹上巳	午子午	無依比用
幹上午	午丑申	始入
幹上未	戌午寅	重審
幹上申	巳寅亥	元首
幹上酉	寅子戌	元首
幹上戌	戌酉申	元首
幹上亥	亥午子	杜傳

（癸未日）

幹上子	巳辰卯	彈射
幹上丑	丑戌未	不虞元首
幹上寅	申寅申	冬蛇掩目
幹上卯	巳未酉	彈射
幹上辰	辰未戌	元首
幹上巳	酉丑巳	涉害
幹上午	巳戌卯	比用
幹上未	未丑未	無依元首
幹上申	卯戌巳	重審
幹上酉	卯亥未	改正涉害
幹上戌	戌未辰	元首
幹上亥	巳卯丑	彈射

（甲申日）

幹上子	午辰寅	涉害
幹上丑	子亥戌	比用
幹上寅	寅巳申	自任
幹上卯	辰巳午	始入
幹上辰	辰午申	涉害
幹上巳	申亥寅	始入
幹上午	辰申子	元首
幹上未	子巳戌	比用
幹上申	寅申寅	無依重審
幹上酉	戌巳子	比用
幹上戌	子申辰	改正涉害
幹上亥	巳寅亥	元首

（乙酉日）

幹上子	巳丑酉	元首
幹上丑	丑戌未	重審
幹上寅	未巳卯	彈射
幹上卯	申未午	嚆矢
幹上辰	辰酉卯	杜傳始入
幹上巳	亥子丑	始入
幹上午	申戌子	重審
幹上未	未戌丑	始入
幹土申	申子辰	元首
幹上酉	未子巳	比用
幹上戌	卯酉卯	無依比用
幹上亥	亥午丑	比用

（丙戌日）

子幹上	子未寅	知一
丑幹上	酉巳丑	彈射
寅幹上	亥申巳	嚆矢
卯幹上	丑亥酉	重審
辰幹上	卯寅丑	元首
巳幹上	巳申寅	自任
午幹上	亥子丑	始入
未幹上	子寅辰	始入
申幹上	申亥寅	始入
酉幹上	酉丑巳	重審
戌幹上	申丑午	知一
亥幹上	巳亥巳	無依重審

（丁亥日）

子幹上	巳戌卯	重審
丑幹上	巳亥巳	無依重審
寅幹上	午丑申	重審
卯幹上	未卯亥	見機
辰幹上	巳寅亥	元首
巳幹上	酉未巳	彈射
午幹上	戌酉申	元首
未幹上	亥未丑	杜傳
申幹上	申酉戌	重審
酉幹上	酉亥丑	重審
戌幹上	午戌寅	冬蛇掩目
亥幹上	未亥卯	重審

（戊子日）

子幹上	子未寅	重審
丑幹上	巳申丑	虎視
寅幹上	寅亥申	涉害
卯幹上	丑亥酉	重審
辰幹上	戌酉申	知一
巳幹上	巳申寅	自任
午幹上	寅卯辰	知一
未幹上	辰午申	始入
申幹上	卯午酉	嚆矢
酉幹上	辰申子	元首
戌幹上	巳戌卯	重審
亥幹上	午子午	無依比用

（己丑日）

子幹上	巳戌卯	比用
丑幹上	亥未丑	無親井欄射
寅幹上	卯戌巳	重審
卯幹上	卯亥未	改正沙害
辰幹上	子辰戌	冬蛇掩目
巳幹上	亥酉未	始入
午幹上	子亥戌	始入
未幹上	丑戌未	自信

（庚寅日）

幹上申　寅卯辰　元首
幹上酉　卯巳未　元首
幹上戌　午戌辰　冬蛇掩目
幹上亥　酉丑巳　涉害

幹上子　辰申子　元首
幹上丑　子巳戌　比用
幹上寅　寅申寅　無依重審
幹上卯　戌巳子　比用

幹上辰　子申辰　改正涉害
幹上巳　巳寅亥　元首
幹上午　午辰寅　涉害
幹上未　子亥戌　比用

（辛卯日）

幹上申　申寅巳　自任
幹上酉　辰巳午　始入
幹上戌　辰午申　涉害
幹上亥　申亥寅　始入

幹上子　巳未酉　嚆矢
幹上丑　酉子卯　始入
幹上寅　亥卯未　改正涉害
幹上卯　卯申丑　重審

幹上辰　卯酉卯　無依重審
幹上巳　戌巳子　重審
幹上午　未卯亥　知一
幹上未　子未子　冬蛇掩目

（壬辰日）

幹上申　亥酉未　改正涉害
幹上酉　丑子亥　始入
幹上戌　卯子午　杜傳
幹上亥　辰巳午　始入

幹上子　丑寅卯　元首
幹上丑　申戌子　重審
幹上寅　戌丑辰　嚆矢
幹上卯　未亥卯　始入

幹上辰　寅未子　重審
幹上巳　巳亥巳　無依重審
幹上午　午丑申　比用
幹上未　子申辰　重審

（癸巳日）

幹上申　巳寅亥　元首
幹上酉　寅子戌　元首
幹上戌　戌酉申　知一
幹上亥　亥辰戌　杜傳

幹上子　卯寅丑　元首
幹上丑　丑戌未　不厭元首
幹上寅　未申酉　嚆矢
幹上卯　未酉亥　嚆矢

幹上	三傳	課體
辰幹上	申亥寅	重審
巳幹上	酉丑巳	涉害
午幹上	午亥辰	重審
未幹上	巳亥巳	無依重審
申幹上	卯戌巳	重審
酉幹上	巳丑酉	元首
戌幹上	戌未辰	元首
亥幹上	丑亥酉	始入

（甲午日）

幹上	三傳	課體
子幹上	寅子戌	改正涉害
辰幹上	辰午申	涉害
申幹上	寅申寅	無依涉害
丑幹上	子亥戌	比用
巳幹上	申亥寅	比用
酉幹上	酉辰亥	元首
寅幹上	寅巳申	自任
午幹上	寅午戌	元首
戌幹上	戌午寅	重審
卯幹上	辰巳午	始入
未幹上	子巳戌	比用
亥幹上	申巳寅	嚆矢

（乙未日）

幹上	三傳	課體
子幹上	卯亥未	元首
辰幹上	辰未丑	杜傳始入
申幹上	亥卯未	重審
丑幹上	丑戌未	始入
巳幹上	酉戌亥	嚆矢
酉幹上	巳戌卯	比用
寅幹上	亥寅巳	冬蛇掩目
午幹上	申戌子	始入
戌幹上	戌辰戌	無依始入
卯幹上	戌卯午	冬蛇掩目
未幹上	未戌丑	始入
亥幹上	午丑申	重審

（丙申日）

幹上	三傳	課體
子幹上	戌巳子	比用
辰幹上	卯寅丑	元首
申幹上	申亥寅	始入
丑幹上	子申辰	始入
巳幹上	巳申寅	自任
酉幹上	酉丑巳	重審
寅幹上	巳寅亥	元首
午幹上	酉戌亥	彈射
戌幹上	卯申丑	元首
卯幹上	丑亥酉	重審
未幹上	子寅辰	始入
亥幹上	寅申寅	無依比用

（丁酉日）

子幹上　未子巳　涉害	辰幹上　午卯子　元首	申幹上　亥子丑　比用
丑幹上　卯酉卯　無依重審	巳幹上　丑巳巳　別責	酉幹上　酉亥丑　重審
寅幹上　亥午丑　重審	午幹上　申未午　彈射	戌幹上　子卯午　蒿矢
卯幹上　巳丑酉　元首	未幹上　酉未丑　杜傳	亥幹上　亥卯午　元首

（戊戌日）

子幹上　子未寅　重審	辰幹上　卯寅丑　元首	申幹上　亥寅巳　彈射
丑幹上　寅戌午　蒿矢	巳幹上　巳申寅　自任	酉幹上　寅午戌　元首
寅幹上　寅亥申　元首	午幹上　亥子丑　始入	戌幹上　申丑午　知一
卯幹上　丑亥酉　重審	未幹上　子寅辰　始入	亥幹上　亥巳亥　無依綴瑕

（己亥日）

子幹上　巳戌卯　比用	辰幹上　巳寅亥　元首	申幹上　丑寅卯　元首
丑幹上　巳亥巳　無依重審	巳幹上　卯丑亥　蒿矢	酉幹上　丑卯巳　涉害
寅幹上　午丑申　重審	午幹上　戌酉申　元首	戌幹上　寅巳申　蒿矢
卯幹上　未卯亥　見機	未幹上　亥未丑　杜傳	亥幹上　亥卯未　改正涉害

（庚子日）

子幹上　辰申子　元首	辰幹上　子申辰　始入
丑幹上　巳戌卯　始入	巳幹上　午卯子　知一
寅幹上　寅申寅　無依涉害	午幹上　午辰寅　涉害
卯幹上　戌巳子　比用	未幹上　戌酉申　元首

申幹上　申寅巳　自任　酉幹上　寅卯辰　知一　戌幹上　辰午申　涉害　亥幹上　午酉子　嚆矢

（辛丑日）

子幹上　卯巳未　元首　丑幹上　巳丑丑　別責　寅幹上　酉丑巳　比用　卯幹上　卯申丑　重審

辰幹上　亥未辰　無親井欄射　巳幹上　卯戌巳　重審　午幹上　巳丑酉　知一　未幹上　巳未未　別責

申幹上　亥酉未　重審　酉幹上　子亥戌　始入　戌幹上　丑戌未　自信　亥幹上　寅卯辰　元首

（壬寅日）

子幹上　辰巳午　重審　丑幹上　辰午申　重審　寅幹上　申亥寅　始入　卯幹上　未亥卯　始入

辰幹上　子巳戌　比用　巳幹上　寅申寅　無依比用　午幹上　午丑申　重審　未幹上　戌午寅　重審

申幹上　巳寅亥　元首　酉幹上　戌申午　元首　戌幹上　子亥戌　比用　亥幹上　亥寅巳　杜傳

（癸卯日）

子幹上　丑子亥　始入　丑幹上　丑戌未　不虞元首　寅幹上　辰巳午　始入　卯幹上　未酉亥　嚆矢

辰幹上　酉子卯　重審　巳幹上　酉丑巳　涉害　午幹上　午亥辰　重審　未幹上　卯酉卯　無依重審

申幹上　卯戌巳　比用　酉幹上　未卯亥　涉害　戌幹上　戌未辰　元首　亥幹上　亥酉未　改正涉害

（甲辰日）

子幹上　寅子戌　改正涉害　丑幹上　子亥戌　比用　寅幹上　寅巳申　自任　卯幹上　辰巳午　始入

幹上辰 辰午申 涉害
幹上巳 申辰寅 始入
幹上午 申子辰 嗃矢
幹上未 子巳戌 改正涉害

幹上申 寅申寅 無依重審
幹上酉 午丑申 比用
幹上戌 子申辰 改正涉害
幹上亥 申巳寅 嗃矢

（乙巳日）

幹上子 酉巳丑 嗃矢
幹上丑 丑戌未 始入
幹上寅 丑亥酉 始入
幹上卯 卯寅丑 元首

幹上辰 辰巳申 杜傳始入
幹上巳 未申酉 彈射
幹上午 申戌子 始入
幹上未 未戌丑 比用

幹上申 酉丑巳 重審
幹上酉 寅未子 重審
幹上戌 巳亥巳 無依比用
幹上亥 午丑申 重審

（丙午日）

幹上子 子未寅 知一
幹上丑 戌午寅 始入
幹上寅 子酉午 嗃矢
幹上卯 丑亥酉 重審

幹上辰 卯寅丑 元首
幹上巳 巳申寅 自任
幹上午 申酉戌 彈射
幹上未 申戌子 始入

幹上申 申亥寅 比用
幹上酉 酉丑巳 重審
幹上戌 辰酉寅 知一
幹上亥 午子午 無依比用

（丁未日）

幹上子 巳戌卯 比用
幹上丑 巳丑丑 無親入專
幹上寅 酉辰亥 知一
幹上卯 卯亥未 元首

幹上辰 亥辰辰 八專
幹上巳 丑巳巳 八專
幹上午 卯午午 八專
幹上未 未丑戌 自信

幹上申 申酉戌 始入
幹上酉 酉亥丑 始入
幹上戌 亥戌戌 八專
幹上亥 亥卯未 重審

（戊申日）

幹上子 子未寅 涉害
幹上丑 子申辰 始入
幹上寅 寅亥申 知一
幹上卯 丑亥酉 重審
幹上辰 卯寅丑 元首
幹上巳 巳申寅 自任
幹上午 戌酉午 虎視
幹上未 子寅辰 始入
幹上申 寅巳申 嚆矢
幹上酉 辰申子 元首
幹上戌 卯申丑 元首
幹上亥 寅申寅 無依比用

（己酉日）

幹上子 未子巳 涉害
幹上丑 卯酉卯 無依重審
幹上寅 亥午丑 重審
幹上卯 卯亥未 改正涉害
幹上辰 午卯子 元首
幹上巳 卯丑亥 嚆矢
幹上午 戌午申 冬蛇掩目
幹上未 酉未丑 杜傳
幹上申 亥子丑 始入
幹上酉 丑卯巳 元首
幹上戌 卯午酉 嚆矢
幹上亥 亥卯未 始入

（庚戌日）

幹上子 辰申子 察微
幹上丑 申丑午 知一
幹上寅 寅申寅 無依重審
幹上卯 戌巳子 比用
幹上辰 子申辰 始入
幹上巳 巳寅亥 元首
幹上午 午辰寅 元首
幹上未 午巳辰 嚆矢
幹上申 申寅巳 自任
幹上酉 亥子丑 始入
幹上戌 子寅辰 重審
幹上亥 寅巳申 擇射

（辛亥日）

幹上子 丑卯巳 涉害
幹上丑 巳申亥 嚆矢
幹上寅 未亥卯 比用
幹上卯 卯申丑 重審
幹上辰 巳亥巳 無依重審
幹上巳 午丑申 重審
幹上午 未卯亥 見機
幹上未 巳寅亥 元首

（壬子日）

申幹上　午辰寅　元首
酉幹上　戌酉申　元首
戌幹上　亥戌未　杜傳
亥幹上　丑寅卯　元首

子幹上　寅卯辰　知一
丑幹上　辰午申　重審
寅幹上　午酉子　彈射
卯幹上　未亥卯　重審

辰幹上　巳戌卯　重審
巳幹上　午子午　無依比用
午幹上　午丑申　重審
未幹上　未卯亥　見機

（癸丑日）

申幹上　午卯子　知一
酉幹上　戌申午　元首
戌幹上　戌酉申　元首
亥幹上　亥子卯　杜傳

子幹上　子亥戌　始入
丑幹上　丑戌未　不虞元首
寅幹上　寅卯辰　元首
卯幹上　卯巳未　元首

辰幹上　辰未戌　元首
巳幹上　酉丑巳　涉害
午幹上　午亥辰　重審
未幹上　未丑未　無依元首

（甲寅日）

申幹上　卯戌巳　重審
酉幹上　巳丑酉　元首
戌幹上　戌未辰　元首
亥幹上　亥酉未　始入

子幹上　戌申午　元首
丑幹上　子亥戌　比用
寅幹上　寅巳申　自任
卯幹上　辰巳午　重審

辰幹上　辰午申　重審
巳幹上　申亥寅　重審
午幹上　申午午　八專
未幹上　子巳戌　比用

（乙卯日）

申幹上　寅申寅　無依重審
酉幹上　酉辰亥　元首
戌幹上　戌午寅　重審
亥幹上　丑亥亥　八專

子幹上　未卯亥　元首
丑幹上　丑戌未　始入
寅幹上　亥酉未　改正涉害
卯幹上　丑子亥　始入

幹上辰 辰卯子 杜傳始入
幹上巳 辰巳午 始入
幹上午 申戌子 始入
幹上未 酉子卯 涉害
幹上申 亥卯未 改正涉害
幹上酉 寅未子 重審
幹上戌 卯酉卯 無依比用
幹上亥 午丑申 改正涉害

（丙辰日）

幹上子 午丑申 比用
幹上丑 子申辰 始入
幹上寅 亥申巳 嚆矢
幹上卯 丑亥酉 重審
幹上辰 卯寅丑 元首
幹上巳 巳申寅 自任
幹上午 亥午午 別責
幹上未 申戌子 始入
幹上申 申亥寅 始入
幹上酉 酉丑巳 始入
幹上戌 寅未子 重審
幹上亥 巳亥巳 無依重審

（丁巳日）

幹上子 巳戌卯 重審
幹上丑 巳亥巳 無依重審
幹上寅 酉辰亥 涉害
幹上卯 亥未卯 嚆矢
幹上辰 亥申巳 嚆矢
幹上巳 丑亥酉 始入
幹上午 卯寅丑 元首
幹上未 巳申寅 自信
幹上申 申酉戌 始入
幹上酉 酉亥丑 始入
幹上戌 申亥寅 始入
幹上亥 酉丑巳 重審

（戊午日）

幹上子 子未寅 重審
幹上丑 戌午寅 始入
幹上寅 寅亥申 元首
幹上卯 丑亥酉 重審
幹上辰 卯寅丑 元首
幹上巳 巳申寅 自任
幹上午 寅午午 別責
幹上未 申戌子 始入
幹上申 酉子卯 始入
幹上酉 寅午戌 元首
幹上戌 辰酉寅 知一
幹上亥 午子午 無依比用

（己未日）

幹上子　巳戌卯　比用
幹上丑　巳丑丑　無親八專
幹上寅　酉辰亥　知一
幹上卯　卯亥未　元首
幹上辰　亥辰辰　八專
幹上巳　丑巳巳　八專
幹上午　卯午午　八專
幹上未　未丑戌　自信
幹上申　未申申　八專
幹上酉　酉酉酉　八專獨足
幹上戌　亥戌戌　八專
幹上亥　亥卯未　重審

（庚申日）

幹上子　辰申子　元首
幹上丑　卯丑丑　八專
幹上寅　寅申寅　無依重審
幹上卯　戌巳子　比用
幹上辰　子申辰　重審
幹上巳　巳寅亥　元首
幹上午　午辰寅　元首
幹上未　酉未未　八專
幹上申　申寅巳　自任
幹上酉　亥酉酉　八專
幹上戌　子寅辰　重審
幹上亥　丑亥亥　八專

（辛酉日）

幹上子　丑卯巳　元首
幹上丑　卯午酉　彈射
幹上寅　寅午戌　始入
幹上卯　未子巳　涉害
幹上辰　卯酉卯　無依重審
幹上巳　亥午丑　重審
幹上午　巳丑酉　知一
幹上未　午卯子　元首
幹上酉　午辰寅　元首
幹上申　丑酉酉　別責
幹上戌　酉戌未　杜傳
幹上亥　亥子丑　始入

（壬戌日）

幹上子　亥子丑　重審
幹上丑　子寅辰　重審
幹上寅　辰未戌　嵩矢
幹上卯　未亥卯　重審
幹上辰　辰酉寅　涉害
幹上巳　巳亥巳　無依重審
幹上午　午丑申　重審
幹上未　未卯亥　見機

（癸亥日）

幹上	三傳	課名
申幹上	巳寅亥	元首
酉幹上	午辰寅	元首
戌幹上	戌酉申	元首
亥幹上	亥戌未	杜傳
子幹上	戌酉申	元首
丑幹上	丑戌未	不虞元首
寅幹上	丑寅卯	元首
卯幹上	丑卯巳	涉害
辰幹上	辰未戌	元首
巳幹上	酉丑巳	涉害
午幹上	午亥辰	重審
未幹上	巳亥巳	無依重審
申幹上	卯戌巳	比用
酉幹上	未卯亥	見機
戌幹上	巳寅亥	知一
亥幹上	未巳卯	嚆矢

遁幹

三傳既得。遁幹須詳。欲得其幹。則以旬幹，日幹求之。

（旬幹）。丙寅日占事。則用甲子旬內之幹。子則甲子。丑則乙丑　丙子日占事。則用甲戌旬內之幹。戌則甲戌。亥則乙亥。餘視此。

（日幹）。甲己之日，從甲子起。乙庚之日，從丙子起。丙辛之日，從戊子起。丁壬之日，從庚子起。戊癸之日，從壬子起。

按壬課首重旬遁之幹。日遁之幹，無足重輕。姑存此說，以備一格。

如丙寅日亥將申時。丙寅日，乃甲子旬也。天盤子起甲，丑起乙。寅起丙。至酉起癸。遇戌亥爲空亡。四課三傳之枝。皆如是論。列式於左。

日遁之幹。推法與此相同。

壬申
亡亥
丙寅

壬申丙
亡亥申
己巳寅
壬申巳

亡亥　甲子　乙丑　丙寅
空戌　丁卯
癸酉　戊辰
壬申　辛未　庚午　己巳

十二天將

適幹既得。課具規模。再演十二天將。乃辨局中否泰。一曰貴人。二曰騰蛇。三曰朱雀。四曰六合。五曰勾陳。六曰青龍。七曰天空。八曰白虎。九曰太常。十曰玄武。十一曰太陰。十二曰天后　然貴人有日夜之別　先察占時。旋轉有順逆之分。次觀坐地。諸家議論　略有異同。兹遵協紀辨方。庶可後先一貫。

（日貴起例）如所占得卯辰巳午未申六時者。卽用日貴。

（日貴人歌）甲羊戊庚牛。乙猴己鼠求。丙雞丁豬位。壬兔癸蛇游。六辛逢虎上。陽貴日中傳。（日貴人取法於先天。先天十幹起於坤。以德合爲貴人。如甲日貴人未，未中有己與甲合也。）

六甲日，未爲日貴。六戊，六庚日，丑爲日貴。六乙日，申爲日貴。六己日，子爲日貴。六丙日，酉爲日貴。六丁日，亥爲日貴。六壬日，卯爲日貴。六癸日，巳爲日貴。六辛日，寅爲日貴。

（夜貴起例）如所占得酉戌亥子丑寅六時者，即用夜貴。

（夜貴人歌）甲牛戊庚羊。乙鼠己猴鄉。丙豬丁雞位。壬蛇癸兔藏。六辛逢午馬。陰貴夜時當。（夜貴人取法於後天。後天坤寄於申。如庚日貴人未。未中有乙，與庚合也。）

六甲日丑爲夜貴。六戊六庚日，未爲夜貴。六乙日，子爲夜貴。六己日申爲夜貴。六丙日，亥爲夜貴。六丁日，酉爲夜貴。六壬日，巳爲夜貴。六癸日，卯爲夜貴。六辛日午爲夜貴。

（貴人左旋右轉歌）貴人在亥行從子。（順行）在戌還將酉引前。（逆行）在巳但從辰位轉。（逆行）若居辰上巳爲先。（順行）

凡貴人在地盤亥子丑寅卯辰六位者，騰蛇朱雀等神，依次左旋順行。
凡貴人在地盤戌酉申未午巳六位者，騰蛇朱雀等神，依次右轉逆行。

貴人在亥順行

天空	白虎	太常	玄武
青龍			太陰
勾陳			天后
六合	朱雀	騰蛇	貴人

貴人在戌逆行

青龍	勾陳	六合	朱雀
天空			騰蛇
白虎			貴人
太常	玄武	太陰	天后

貴人在辰順行

騰蛇	朱雀	六合	勾陳
貴人			青龍
天后			天空
太陰	玄武	太常	白虎

貴人在巳逆行

貴人	天后	太陰	玄武
騰蛇			太常
朱雀			白虎
六合	勾陳	青龍	天空

如甲辰日亥將卯時。起例云，如所占得卯辰巳午未申六時者。卽用日貴
今所占爲卯時。故用日貴。又云、六甲日，未爲日貴　故用未爲貴人。

又云凡貴人在地盤亥子丑寅卯辰六位者，順行，今天盤日貴之未。加於地盤亥上故順行。列式於左。

涉害

龍蛇武
壬戌甲
子申辰

合戌甲
后午戌
龍子辰
蛇申子

陰后
武辰巳午未貴
常卯申蛇
虎寅酉雀
空丑子亥戌合
龍陳

如丙子日午將亥時。起例云，如所占得酉戌亥子丑寅六時者。卽用夜貴。今所占爲亥時。故用夜貴。又云，六丙日，亥爲夜貴。故用亥爲貴人。又云，凡貴人在地盤亥子丑寅卯辰六位者，順行。今天盤夜貴之亥，加於地盤辰上。故順行。列式於左。

見

蛇常合
丙癸戊
子未寅

蛇子丙
常未子
常未子

龍空
陳卯辰巳午虎
合寅未常
雀丑申武

機

合寅未
蛇子亥戌酉陰
貴后

如庚午日，申將辰時。起例云，如所占得卯辰巳午未申六時者。卽用日貴。今所占爲辰時。故用日貴。又云，六庚日。丑爲日貴。故用丑爲貴人。又云、凡貴人在地盤戌酉申未午巳六位者，逆行。今天盤日貴之丑。加於地盤酉上，故逆行。列式於左。

察微

武戊辰
龍壬申
蛇甲子

蛇子庚
武辰子
合戌午
后寅戌

蛇子　丑貴　寅后　卯陰
雀亥　辰武
合戌　巳常
陳酉　申龍　未空　午虎

如辛酉日，亥將子時。起例云，如所占得酉戌亥子丑寅六時者。卽用夜貴。今所占爲子時。故用夜貴。又云，六辛日，午爲夜貴。故用午爲貴人。又云，凡貴人在地盤戌申酉未午巳六位者，逆行。今天盤夜貴之午。加於地盤未上，故逆行。列式於左。

別責

龍 空亡	丑	
武 辛	酉	
武 辛	酉	

后　陰　陰　武
未　申　申　酉
申　酉　酉　辛

雀　蛇　貴　后
辰　巳　午　未
合卯　　　　申陰
陳寅　　　　酉武
丑　子　亥　戌
龍　空　虎　常

五行生尅定名

貴神雖旋轉有方。向背之真偽難測。欲具衆理，而應萬事。又當知五行生尅之定名。大別之有五，曰父母。曰兄弟。曰妻妾。曰子孫。曰官鬼。

（生尅起例）凡生我者爲父母。陽見陰，陰見陽，爲正印。陽見陽，陰見陰，爲偏印。亦名梟神。凡我生者爲子孫。陽見陰，陰見陽。爲傷官。陽見陽。陰見陰，爲食神。凡尅我者爲官鬼。陽見陰，陰見陽，爲正官。陽見陽，陰見陰，爲偏官。亦名七殺。凡我尅者爲妻妾。陽見陰，陰見陽，爲正財。陽見陽，陰見陰，爲偏財。凡比和者爲兄弟，又爲同類。陽見陽，陰見陰，爲比肩。陽見陰，陰見陽，爲刼財。亦名敗財。

假如甲辰日亥將卯時，以甲幹爲我。甲爲陽木。初傳子，乃是陽水，生我陽木。陽見陽。爲偏印。又爲父母。中傳申，乃是陽金。尅我陽木。陽見陽爲七殺。又爲官鬼，末傳辰，乃是陽土。以我陽木。尅彼陽土。陽見陽，爲偏財。又爲妻妾，列式於左。

涉害

父	卩	子	壬	龍
官	杀	申	戊	蛇
妻	才	辰	甲	武

龍	龍	后	合
申	子	午	戌
子	辰	戌	甲

	空	虎	常	武	
	丑	寅	卯	辰	
龍	子			巳	陰
陳	亥			午	后
	戌	酉	申	未	
	合	雀	蛇	貴	

年命

傳有一定之吉凶。人有各殊之年命。傳財本吉，年命見官鬼而成凶，傳鬼本凶，年命見子孫而成吉。年命之關係，其重如此。豈可忽乎。

年者，行年所到之宮也。其法自地盤男一歲起丙寅，逆數整歲，順數零歲。女一歲起壬申，順數整歲，逆數零歲。數至若干歲止。如男命四十四歲，自丙寅上起一歲。隔一位丙子上十一。丙戌上二十一。丙申上三十一。丙午上四十一。此逆數整歲也。又順數，丁未上四十二。戊申上四十三，己酉上四十四止。即知四十四歲，行年爲己酉。此順數零歲也。如女命三十四歲，自壬申上起一歲。隔一位，壬戌上十一。壬子上二十一。壬寅上三十一。此順數整歲也。又逆數，辛丑上三十二。庚子上三十三。己亥上三十四止。即知三十四歲，行年爲己亥。此逆數零歲也。列表於左。

（男命行年表）

丙寅一歲	丙子十一	丙戌二一	丙申三一	丙午四一	丙辰五一
丁卯二歲	丁丑十二	丁亥二二	丁酉三二	丁未四二	丁巳五二
戊辰三歲	戊寅十三	戊子二三	戊戌三三	戊申四三	戊午五三
己巳四歲	己卯十四	己丑二四	己亥三四	己酉四四	己未五四
庚午五歲	庚辰十五	庚寅二五	庚子三五	庚戌四五	庚申五五

辛未六歲　辛巳十六　辛卯二六　辛丑三六　辛亥四六　辛酉五六

壬申七歲　壬午十七　壬辰二七　壬寅三七　壬子四七　壬戌五七

癸酉八歲　癸未十八　癸巳二八　癸卯三八　癸丑四八　癸亥五八

甲戌九歲　甲申十九　甲午二九　甲辰三九　甲寅四九　甲子五九

乙亥十歲　乙酉二十　乙未三十　乙巳四十　乙卯五十　乙丑六十

（女命行年表）

壬申一歲　壬戌十一　壬子二一　壬寅三一　壬辰四一　壬午五一

辛未二歲　辛酉十二　辛亥二二　辛丑三二　辛卯四二　辛巳五二

庚午三歲　庚申十三　庚戌二三　庚子三三　庚寅四三　庚辰五三

己巳四歲　己未十四　己酉二四　己亥三四　己丑四四　己卯五四

戊辰五歲　戊午十五　戊申二五　戊戌三五　戊子四五　戊寅五五

丁卯六歲　丁巳十六　丁未二六　丁酉三六　丁亥四六　丁丑五六

丙寅七歲　丙辰十七　丙午二七　丙申三七　丙戌四七　丙子五七

乙丑八歲　乙卯十八　乙巳二八　乙未三八　乙酉四八　乙亥五八
甲子九歲　甲寅十九　甲辰二九　甲午三九　甲申四九　甲戌五九
癸亥十歲　癸丑二十　癸卯三十　癸巳四十　癸未五十　癸酉六十

命者，人受生之年。所值之幹枝也。甲子年生，卽甲子爲本命。乙丑年生，卽乙丑爲本命之類。其捷法，無論男女，從本年太歲地盤起一歲。順數整歲。隔一位。起十年。再隔一位，起二十年。以次遞推。既得其整歲所值之年，再在該年逆數。足其歲數。卽得其人生年幹枝矣。如今年甲子、來人四十四歲，卽自甲子上起一歲。甲寅上十一。甲辰上二十一。甲午上三十一。甲申上四十一。得其整數。再就該年逆數。癸未上四十二。壬午上四十三。辛巳上四十四。卽知四十四歲。本命爲辛巳矣」

如甲子年甲辰日亥將卯時。男四十四歲。本命辛巳。行年己酉。女四十四歲本命亦爲辛巳。行年則爲己丑。均應書於地盤。列式於后。

涉　龍蛇武
　　壬戌甲
　　合戌甲
　　武辰巳午未貴
　　陰后

后午戌　常卯　行年己酉　申蛇

龍子辰　虎寅　酉雀　行年己丑

蛇申子　本命辛巳　空丑子亥戌合

龍陳

子申辰

卩杀才

父鬼妻

害

按演法至此，可謂完備。欲求是非得失，禍福榮辱，與夫吉凶悔吝，所以然者，再觀下卷論斷篇，即可胸有成竹矣。

大六壬採原卷上終

大六壬採原卷下　　潤德堂叢書之三

鎭江　袁樹珊　著

論斷篇

論占時 先鋒門

卒然相遇之謂機。自然符合之謂神。六壬之用占時。非神與機之謂乎。故古人以占時爲先鋒門。謂其不待運式而先有所主也。凡時爲日幹之財。更乘旺氣。得吉神良將。上下相生。定主財帛之事。時爲日馬、若不値天空。不落空亡。定主出入道路。攸往咸宜之事。時爲日貴、日德、日祿、又帶財星。定爲官貴之財。或託官人幹事獲福。若披刑帶煞、傳見凶將、又主爭財官府。若傳見青龍、六合、太常、與日三合、六合、不見刑尅。仕人加官。秀才及第。庶人得之。見官得理。或得高人攜手。時爲日幹三合、六合、主外事和合。若合中帶財。得吉神良將。主獲外財。及妻子和合之事。蓋財亦爲妻妾也。時爲日枝三合、六合。主內事和合。若式中見子孫爻乘旺相氣、而帶吉神者。又應添丁。或子孫有和合之事，若枝合中帶鬼。上見朱雀、勾陳、卦得亂首（四下賊上）絕嗣、（四上尅下）定主眷屬仇讎。及爲內事競爭。若仕人得之。主同僚不睦。公吏則同輩相殘。時合日幹。又合日枝。主兩動。應內外和合。非一事也。時爲日幹六害。主外憂。時爲日枝六害。主內憂。時爲日之空亡。事主虛詐。開占無益。若式中見三合、六合、上帶合、后、龍、常、凡占空喜。終難成功。惟病訟以空亡爲最吉。然新病逢空則病散。舊病逢空則人亡。此又不可不知。凡占事見空亡。出旬可成。訪人不見。託人無效。占失物、其類神落空亡者。尤難尋獲。如鬼落空亡。雖有仇敵。亦不足畏。蓋空則無力也。如日幹落空、雖三傳爲鬼。上挾凶神。亦不爲害。蓋我既落空。彼不得見。將誰與爭耶。空亡中見太陰、主虛詐設謀。見玄武主盜賊竊財。時爲日墓、更在傳中。主干涉田土。或事屬塋葬。時爲幹衝、主外動。時爲枝衝、主內動。或主家宅卑幼、及與人相爭之事。時爲日刑、或爲日幹刼煞、主出入事速。時爲日破、主破財走失。鼎祚聯珠經載有占課忌時。甲乙日申酉時。丙丁日亥子時。戊己日寅卯時。庚辛日巳午時。壬癸日辰戌丑未時。按諸五行。即是日鬼。若發用又爲日鬼者。課名天罡。占病訟最凶。若中末傳見者。其凶稍緩。若時爲日破。上帶吉神。式中見玄武、與日幹相合、而爲財者。物雖失、可復得。若時爲日破。上見凶神。式中見玄武、而所乘之神、又尅財爻者。主失物難尋。若玄武乘神、與日爲鬼、值旺相而爲刑害者。定主盜賊傷人。若勾陳爲玄武所制、又主捕盜人受傷。更有晝占而得夜時者、事多暗昧。病主重。訟主屈。夜占而得晝時者、從可知矣。

論月將 直事門

月將爲值事門。乃每月中氣後、太陽躔次也。太陽所臨。吉增凶散。其用與天月二德同。若入傳、爲福不淺。係吉神則吉。係凶神則減凶。卽值空亡。亦不以空論。蓋太陽爲諸曜之主。管三旬之事。不可得而空也。

論日幹日枝 外事門 內事門

經云。日幹爲外事門。日枝爲內事門。凡占。「幹爲我。枝爲彼。幹爲外。枝爲內、幹爲動。枝爲靜。幹爲人。枝爲宅。幹爲男。枝爲女」。欲知進退、順逆。禍福、盛衰者。不可不於此加之意焉。此一段論幹枝本位。定彼我、內外、動靜、人宅、男女、推而至於萬事萬物。莫不如此。凡枝加幹、生幹。主彼就我助我。幹加枝受生。主我就彼助我。枝加幹受生。主彼就我脫我。幹加枝生枝。主我就彼脫我。枝加幹尅幹。主彼就我欺我。幹加枝受尅。主我就彼受欺。枝加幹受尅。主妻財就我。幹加枝尅枝。主我就妻財。枝加幹比幹。主彼就我培我。幹加枝比枝。主我就彼培彼。枝加幹合幹。主彼就我和好。幹加枝合枝。主我就彼和好。此一段、論幹枝相加之坐尅合神 幹上神合枝。枝上神合幹。主彼我和好。幹上神生幹、大吉。幹上神尅幹、大凶。幹生上神。虛耗百出。幹尅上神。阻隔重逢。幹上神生枝。枝上神生幹。或幹枝各受上神生者、主彼我皆利。幹上神尅枝。枝上神尅幹。或幹枝各受上神尅者。主彼我相傷。幹上神脫枝。枝上神脫幹。或幹枝各受上神脫者。主我脫彼。彼亦脫我。此一段論幹枝上神之合神生尅。幹上見枝旺。枝上見幹旺。或幹枝各見旺神者。靜乃獲福。動必招尤。幹枝上皆乘墓。終日昏昏。不審醉夢。幹枝皆坐墓上。自甘暴棄。豈能尤人。幹枝上逢敗氣。即沐浴身衰宅敗。意懶心灰。幹枝上值絕神。生意索然。惟宜了結舊事。幹枝上逢死神。禍在眉睫。惟知止不殆。此一段論幹枝上下之生旺墓絕。幹枝上見刑、見害。賓主不投。各懷嫉妬。幹枝上值空亡。鏡花水月。勞而無功。此一段、論幹枝上刑空。幹上課不足。形容憔悴。舉止乖張。枝上課不足。陰私災晦。家宅衰頹。此一段論幹枝二課缺否體雖如是。用或變更。學者可舉一反三。慎毋膠柱而鼓瑟也。

論四課

第一課、爲日之陽神。第二課、爲日之陰神。第三課、爲辰之陽神。第四課、爲辰之陰神。陽神以占出見。陰神以占伏藏。總以兩陽爲主。而陰次之。四課全者。事正順而易。四課不全者。事不正逆而難。大抵見生合德祿旺相者言吉。見尅害刑衝空墓者言凶。

論三傳 發端門移易門歸計門

傳者。傳課之隱微。發課之幾蘖也。故課爲體。傳爲用。傳吉課凶、事終吉。傳凶課吉、事少成。初傳、爲發端門。應事之起點。若初傳神將比和。上下相生。又逢德祿。舉事稱心。雖危有救。（此一段論初傳。）中傳爲移易門。應事之變遷。若初凶中吉。則移凶爲吉。初吉中凶。則移吉爲凶。母傳子則順。子傳母則逆。鬼主事壞。墓主事止。害爲折腰。事多阻隔。破主中輟。空爲斷橋。又爲折腰。皆主事體不成。（此一段論中傳。）末傳爲歸計門。應事之結束。發用在初、決事在末。最爲緊切。若初傳受下賊尅。而末傳能制其賊尅。終可反凶爲吉。末尅初、爲終來尅始。遠行萬里。入水不溺。入火不燒。病魁災止。若加破害、則有阻隔。吉凶皆不成。逢空亡。則事無結果。（此一段論末傳。）初爲日之長生。末爲日之墓庫。則有始無終。初爲日之墓庫。末爲日之長生。則先難後易。初傳凶、中末吉、能解之。初中凶、末吉、能解之。三傳凶、行年吉、能解之。若三傳行年俱凶、不能解也。（此一段總論三傳。）

至於三傳神將、若將尅神、（貴蛇雀等。爲十二天將。子丑寅等。爲十二枝神。將尅神即蛇雀尅三傳申酉之類。）爲外戰、憂輕、雖凶可解。神尅將、（即三傳子丑尅蛇武之類）爲內戰、憂重、雖吉有咎。（此一段論天將。）三傳皆空、占事了無一實。如兩傳空、一傳實、卻見天空、亦作三傳空論。如初中空、以末傳爲主。中末空、以初傳爲主。（此一段論空亡。）三傳自幹上發用、傳歸枝上者。名朝枝格。主我去求人幹事。不得自由。自枝上發用、傳歸幹上者。名朝日格。主人來託我幹事。易於成合。若神吉傳吉、妙不可言。神凶傳凶、禍不旋踵。若三傳不離幹枝。求物得。謀事遂。行人回。賊不出鄉。逃不脫。三傳不離四課、號曰如珠走盤。謀事成。吉則吉。凶則凶。

忌占病訟憂產。三傳離日遠。凡事難成。惟占避難、及訟災、可退。此一段兼論幹枝四課。三傳生日百事吉。三傳尅日百事凶。若幹尅初、初尅中、中尅末者。求財大獲。三傳日辰、全逢下賊上者、毫無和氣。訟必刑、病必死、占事必家法不正、自取其辱。三傳日辰互換三合、遞相牽連。占事翻來覆去。不易妥當。外有三傳三合、爲日幹全脫全生全鬼全財全兄弟者、俱視天將吉凶。及五行制化何如。假如全鬼爲凶兆、若年命日辰四處有子孫爻、則制鬼矣。故脫氣要見父母、全生不可見財、三傳與日辰上下皆合緊、則不宜妄動、得日月衝破之、方可他求、然又要看三傳吉凶何如、若吉則宜合、不宜衝破、凶過衝破、則凶解散、此一段論生尅合衝。以上所論、乃三傳之大旨、學者須詳審消息、擇其切要者斷之、庶免毫釐之差、千里之謬矣。

論發用

太公立三傳、極重發端。發端者、發用也、能左右四課之禍福、其力甚大、故特詳之。凡用在第一二課主外事、如天乙順行、在貴人前、不問吉凶主事速、用在第三四課、如天乙逆行、在貴人後、不問吉凶主事遲、用在第四課、名蓦越、（越字俗本誤爲逢字。此與貴人逆行爲蓦越者不同。）事主驀然而至、（此一段論四課）用逢上尅下、主卑幼之災、事從外來、利男子、利先起。用逢下賊上、主尊長之災、事由內起、利女子、利後應。（此一段論賊尅）用逢上尅下、而天盤又尅天將、（天盤之子寅尅蛇勾之類）謂之內戰、憂重、凡事將成、被人擾亂。用逢下賊上、而天將又尅發用、（如虎陰尅寅卯之類）名遥迫煞、主身不自由、受人驅策、或被人抑勒、若夾尅財神、必財不由己而費。（此一段論天將）用逢日財、事因求財、用逢日鬼、動輒得咎、用逢脫氣、事屬子孫、用逢日比、事屬兄弟朋友、用逢日印、生機蓬勃、用尅日、身危、或長上官訟。尅辰、家宅不寧。尅時、憂驚疊至。尅末、有頭無尾、先易後難。尅年命、百事難成。（此一段論五行生尅）用逢長生、謀爲發達、若長生臨墓、又主舊事斷而復續。用逢敗死、事必毀壞。用逢墓庫、事多遲延、占病死、占物在、占人歸、占舊事凶、用絕事了、人來、信至、此

（段論生旺墓。）用刑衝破害、重逢險惡、卒鮮收成、用空亡、憂喜不成、謀事出旬可望、託人謹防詐騙，（此一段論衝破空亡）用逢旺相、則獲利獲名、用逢休囚、則防災防訟、其他死主喪失、尤應煩惱、（此一段論王相）再看其生我比和我尅則旺相為宜、尅我盜我則休囚不忌、

論遁幹

幹枝課傳之亨屯，現於外也，幹遁（旬遁）元遁（五子元遁）之否泰，隱於內也，現於外者易為力，隱於內者難為功，是當兼察者也，甲為數之始，冠萬物以為尊，占者多主革故鼎新，重謀別用，乙為日精，丙為月精，乙丙所至，妖邪伏匿，凶惡潛藏，故婚姻得之而成，家宅得之而寧，盜賊得之而傾，利明不利暗也，丁為玉女，為星精，能變化，能飛騰，能通靈，故逃亡得之而遠遁、盜賊得之而潛藏，婚姻得之、而奸淫密訂，病訟得之、而幽暗難伸，利暗不利明也，又云丁主動，乘蛇、馬、則遠行，乘虎、常、則憂喪，

乘陰、后、則女人走，乘天空、則奴婢逃，乘玄武則盜賊遁，乘朱雀則遠信來，乘勾陳則兵革起，乘青龍、則丈夫得志，乘六合、則子弟遠游，戊爲陰伏隱遁之象，最利逃亡遠行，己爲六陰之首，只宜保守靜觀，庚辛主肅殺之氣，動必死傷，惟宜捕捉漁獵、壬者天一生水，爲五行之始，寄位乎乾，爲八卦之始，故易以乾爲首，課以壬爲名，此萬物之祖，動之機也，占者得此，利於勇爲，癸爲數之終，下法乎地，象主安靜，事貴收藏，此乃十幹大義，仍當會通課、傳、年、命、以決之，

按六壬說約云、壬數倚伏視遁幹。倚伏者、暗中禍福也，然只視旬遁之幹、不應推五子元遁之幹，此說有理、宜從之，且免顧此失彼也，

論空亡

甲子旬中空戌亥，甲寅旬中空子丑，甲辰旬中空寅卯，甲午旬中空辰巳，甲申旬中空午未，甲戌旬中空申酉，蓋十幹分統各枝、甲子旬至癸酉而止

、遺戌亥二枝、不在統內、故名空亡，餘旬仿此、皆以日幹爲主，失時爲真空、死作囚 得時爲半空、旺相 課傳吉神真空、則吉減十之七、半空則吉減十之三、凶神真空、則凶減十之七、半空則凶減十之三、如有扶助、則真空同於半空、半空則吉凶如故、更逢衝尅、則半空同於真空、真空則吉凶俱無矣、舊書謂陽日空陽、陰日空陰、如甲子日陽幹則空戌、陰幹則空亥、此亦近理，又謂天盤空亡轉盤則實、乃游行空亡、吉凶尚有七八分，地盤空亡、乃落底空亡、吉凶乃主十分，又謂日幹不論地盤空亡、而天盤反以空亡論，如甲子旬中壬申日、壬寄宮亥、而地盤亥上、不作空論，惟天盤之亥爲日祿，乃是真空，又謂太歲、月建、月將、年命雖值空亡、不以空論。此卽空亡填實之義。惟占時值空。百事不成。又謂空遇衝則實。然空則無氣、衝之恐益破散、豈反實乎。至於十二神中之天空、雖另有說、其大旨與此相通。

論五行生尅定名

生我者爲父母、我生者爲子孫、尅我者爲官鬼、我尅者爲妻妾、同類者爲兄弟、此五行生尅之定名。雖變化無方、要亦不出人情物理中也。畢法賦云、財爻現卦、必憂父母。如庚辛金日、以木爲財爻、土爲父母。今三傳中、木多尅土、故必憂父母也。又云、父母爻現、必憂子息。如戊己土日、以火爲父母、金爲子息。今三傳中、火多尅金、故必憂子息也。又云、子息爻現、必憂官事。如丙丁火日、以土爲子息、水爲官星。今三傳中、土多尅水、故必憂官事也。又云、官鬼爻現、必憂己身、及兄弟。如甲乙木日、以金爲官鬼、木爲己身兄弟。今三傳中金多尅木、故必憂己身、及兄弟也。又云、同類現卦、必憂妻妾及耗財。如壬癸水日、以水爲同類、火爲妻財。今三傳中、水多尅火、故必憂妻妾及耗財也。雖然、日辰年命上、果得制伏之神、亦可化險爲夷、當憂不憂。制伏者何、如木多尅土、則金爲制伏。火多尅金、則水爲制伏，土多尅水、則木爲制伏，金多尅木，則火爲制伏，水多尅火、則土爲制伏。是也。若夫生我爲扶助、盜我爲脫耗、尅我爲官訟、我尅爲財利、同類爲刼耗、乃是概論。必須視占時、幹、枝、三傳、年、命、及所乘天將、消息盈虛、始可決其休咎。

論十二天將 十二枝神定名附

六壬吉凶、全憑生尅。萬事否泰、皆責貴神。雖神將各具五行、而斷課多以乘神爲主。假如貴人本屬土、（貴人己丑土，螣蛇丁巳火，朱雀丙午火，六合乙卯木，勾陳戊辰土，青龍甲寅木，天空戊戌土，白虎庚申金，太常己未土，玄武癸亥水，太陰辛酉金，天后壬子水，此爲十二天將之五行，）若乘神后、（子爲神后，丑爲大吉，寅爲功曹，卯爲太衝，辰爲天罡，巳爲太乙，午爲勝光，未爲小吉，申爲傳送，酉爲從魁，戌爲河魁，亥爲登名，此爲十二枝神之定名，）則論水矣、必須視其所乘之神、（如神后子之類，）及所臨之地、（須兼看陰神，）乃定從違、以龍合爲最吉之神、太常次之。虎蛇爲至凶之神。玄勾次之。天乙雖貴、黎庶難當。后陰平和、惟嫌幽暗。朱雀文字之祥、所防者口舌。天空吉凶無成、獨宜於奏對。大抵吉將雖吉、而受

剋則不爲吉。凶將雖凶、而被剋則不能凶。是故吉將如生合日幹、則吉者愈吉，凶將如刑剋日幹，則凶者加凶，

論年命（變體門）

課傳、人所同也。年命、人所獨也。有課傳凶而年命得救者、竟可轉禍爲福。有神將吉而年命刑衝者、反令喜處生憂。往往同占一課、論斷各異、此皆年命不同之故。先賢以年命爲變體門者、蓋謂此也。大要不得與歲月日幹相傷。如年命上神、與太歲相刑、常人主官訟憂疑。若太歲乘天乙、君子主天庭恩詔。年命上見月將、能解諸凶。年命上見傳送、申乘白虎、主疾病爭端。見登明亥乘元武、主覆舟溺死。年命上見辰戌乘凶將、百事不利。年命上見二馬、（驛馬見返吟註：天馬，正七月午，二八月申，三九月戌，四十月子，五十一月寅，六十二月辰，）主奔馳遠動、官職陞遷。年命上見死絕、主人鬼相侵、驚危百出。年命上見財、又遇德合、主財祿盈庭。年命上見官鬼、又乘虎勾、主田土官非。其他見父母

兄弟子孫者、俱依法論、自可談言微中耳。

論陰神（類神之陰）

凡神之陽者、見其大象。而其隱微、則又歸於陰。蓋有陽不能無陰、陰神乃事之歸宿。苟不詳觀、豈能判吉凶之底蘊哉。查十二貴神中、惟天乙貴人、晝夜互爲陰陽。如甲日貴人乘未、則丑爲陰神。甲夜貴人乘丑、則未爲陰神。其餘各以本家所乘爲陰神。如螣蛇乘申而臨子、則申上之辰、爲螣蛇之陰神。朱雀乘酉而臨丑、則酉上之巳、爲朱雀之陰神。如占謁貴之事、及陞遷徵召、視貴人之陰神。（日貴視夜。夜貴視日。）占小兒之病、及物怪、視螣蛇之陰神。占考選及文書口舌、視朱雀之陰神。占交易、及婚姻子孫、視六合之陰神。占詞訟、及田土、視勾陳之陰神。占天雨及財利官爵、視青龍之陰神。占天晴、及僧道奴僕、視天空之陰神。占道路、及死亡疾病、視白虎之陰神。占印綬、及衣服宴會、視太常之陰神。（占父母亦視太常之陰神。心鏡云、太常衣服兼娘父）

是也。占捕獲及盜竊、視玄武之陰神。占婢妾及陰私、視太陰之陰神。占婦病及求妻、視天后之陰神。惟必須發見於課傳年命之中、旺相不空、而又與日辰德合相生。始可言皆有物、所謀皆遂。若刑尅日辰年命、雖入課傳、終歸失敗。若不入課傳、謂之類在閒地。如值休囚空亡、謂之無類。所占受少結果矣。

論太歲（月建同）

太歲、即歲枝也。乃五行之標。歲功之本。主事於天庭、乃至尊之神。如作貴人即不入傳、亦能助福。公訟尤得貴人之力、惟不救病。如入傳而爲日鬼者、凶甚。月建次之。故太歲在傳、主一年吉凶之事。如今年亥、傳見酉戌亥、「乃是隔年舊事。或傳見申酉戌、即是三四年前事。若月建在傳、則爲三四月前事。」（亥月占課。乃如此論。）行年上見太歲、即盡今年一年事。若初見太歲、中末見月建、或日、辰、謂之移遠就近、以緩爲速。太歲生我最吉、合我次吉、我生亦吉。太歲尅我最凶、若有救神、尚可幸免。惟日幹、年、命、上神尅太歲、為我尅太歲、小事反大、凶不可遏。太歲乘天乙相生、吉慶非常。惟君子能當、主加官進爵。常人難受、反主驚危。若太歲尅日、名太歲下堂。君子常人、俱防災服。太歲臨辰上尅辰、家長不安。歲破加於月破，作吉將猶可。作凶將必凶，歲破、月破，加於日辰。破財損失、紛至沓來。可不慎乎。

論旺相死囚休

春木旺、夏火旺、秋金旺、冬水旺、季土旺、此為當令者。春火相、夏土相、秋水相、冬木相、季月金相、此為我生者。春土死、夏金死、秋木死、冬火死、季月水死、此為我尅者。春金囚、夏水囚、秋火囚、冬土囚、季月木囚、此為尅我者。春水休、夏木休、秋土休、冬金休、季月火休、此為生我者。若夫旺氣求就官職、相氣經營利祿、囚氣囚繫呻吟、死氣死亡悲哭、休氣疾病淹延、乃是概論。其實將來者進、是爲相。進而當令者、是爲旺。成功者退、是爲休。退而無氣、是爲囚。司令殺伐。是爲死。必須視占時幹枝三傳年命等處、所乘天將。孰爲喜神、欲旺相、不欲休囚。孰爲忌煞、欲休囚、不欲旺相。然相妙於旺、旺則極盛之物。其退反速。相則方長之氣、其進無涯也。休甚於囚、囚則既極之勢、必將漸生。休則方退之神、未能遽復。死則棄而不論。凡所喜所忌、宜以此意消息之。

論德

德者、福佑之神也。凡臨日入傳。能轉凶爲吉。其名有四、曰天德、曰月德、曰日德、曰枝德、而日德尤吉。俱宜生旺、不宜休囚。忌逢空落空、及神將外戰。如德加幹發用爲鬼、仍作德斷。蓋德能化鬼爲吉也。

（天德）歌云、正丁二坤中。三壬四辛同。五乾六甲上。七癸八艮逢。九丙十居乙。子巽丑庚蹤。

正月丁未　二月坤申　三月壬亥　四月辛戌　五月乾亥　六月甲寅　七月癸丑　八月艮寅　九月

丙巳十月乙辰十一月巽巳十二月庚申

（月德）歌云、正五九丙巳。二六十甲寅。三七冬壬亥。四八臘庚申。

正月　五月　九月　丙巳、二月　六月　十月　甲寅、三月　七月　十一月　壬亥、四月　八月　十二月　庚申、

（日德）。歌云。甲己日寅乙庚申。丙辛遙巳皆德神。戊癸巳宮能助福。丁壬亥上解紛爭

甲己寅、乙庚申、丙辛巳、戊癸巳、丁壬亥、

（枝德）卯子日起巳順行十二枝。

子巳、丑午、寅未、卯申、辰酉、巳戌、午亥、未子、申丑、酉寅、戌卯、亥辰、

論合

合者、和順之神也。凡臨日入傳。主有和合成就之喜。蓋陰陽配合。奇偶交逑。故凡事皆成。其名有三。曰幹合、曰枝合、曰三合。三者之中、以幹合爲主、枝合次之、三合又次之。必須與德祿喜神春戌。夏丑。秋辰。冬未。並臨乃吉

。若乘凶將與凶合、則反凶矣。寅亥為破合、巳申為刑合、主謀事合而不合、成而不成。若得貴人青龍德祿諸神助之、仍主成就。若三合入傳而缺一神、是名折腰。必待缺神值日乃成。若缺一神、而日辰偶合之、是名湊合、主有意外和合之事。

（合）甲己為正中合。乙庚為仁義合。丙辛為威權合。丁壬為淫泆合。戊癸為無情合。（幹合）子丑合。寅亥合。卯戌合。辰酉合。午未合。巳申合。（枝合）寅午戌火合。申子辰水合。巳酉丑金合。亥卯未木合（三合）

論鬼 財卯傷比附

鬼者、賊害之神也。幹枝之中。陽尅陽、陰尅陰、為鬼。經曰、傳中多鬼。事事不美。謀望不成。凶災及己。凡晝鬼、主公訟是非。夜鬼、主神祇妖祟。若日幹旺相、及傳中、命上、見子孫為救神者。亦不為凶。若發用逢鬼。又臨尅日之鄉。名攢眉格。主有兩事不美。卽遇救神。惟解其一。

若發用逢鬼、是枝上神。又引中末入鬼鄉。謂之家鬼弄家神。有救無禍。無救有禍。若鬼臨日幹。得枝上神救者。主一切凶自外來。要家人解救。若發用逢鬼、而生末傳。作日幹長生。名鬼脫生格。主一切先凶後吉。若三傳會局爲鬼。反生起幹上神生幹者。主一切反凶爲吉。若三傳脫幹。能制暗鬼。名借益格。猶有人來賺我。恰值我有禍患。欲借其力。姑遂其意用之。反有益也。

按尅我者爲鬼、又爲官殺、固如上說。若臨幹枝三傳占時本命者、尤當以官訟論。蓋壬課最重日幹、宜生忌尅。課中有鬼、惟官人占官祿、士人占科名、婦人占夫之類最宜、餘皆大忌。不得謂鬼可爲祟、官不肆虐也。至於我尅者爲財星、以財帛論。生我者爲印綬、以扶助論。我生者爲傷食、以脫耗論。與我同類者爲比刧。以破財論。均以幹枝課傳占時本命、所見者爲主。若再鑒別其所乘何神、所臨何將、則吉凶更無遁情矣。

（日鬼）甲庚申乙辛酉丙壬子丁癸亥戊甲寅己乙卯庚丙午辛丁巳壬戊辰癸己未

論墓 長生沐浴等附

墓者、五行所終。萬物所歸。伏沒之神也。凡墓入傳臨日，主一切暗昧難明。閉塞不通。逢衝則吉。逢合則凶。若年命上神能制之，亦可解救。至於辰未爲日墓、戌丑爲夜墓、日墓剛速、夜墓柔遲、尤不可不知、若夜墓臨日、自暗投明、諸事尚有解救，日墓臨夜、自明投暗、一切愈覺糢糊，如甲日未臨亥、癸日未臨卯、丙戊日戌臨寅、乙日戌臨午、丁己日丑臨酉、庚日丑臨巳、壬日辰臨申、辛日辰臨子、謂之墓乘長生、始雖偃蹇、終必亨通，凡占推陳出新、斷而復續，若甲日亥加未、癸日卯加未、丙戊日寅加戌、乙日午加戌、丁己日酉加丑、庚日巳加丑、壬日申加辰、辛日子加辰、謂之長生乘墓、如人墮井中、呼天不應，占病必死，占賊不獲，行人不來，占新事更難成功，按大全云、甲乙日未臨亥、丙丁日戌臨寅、戊己壬癸日辰臨申、庚辛日丑臨巳，爲墓乘長生，甲乙日辰加亥、丙丁日未加寅、戊己壬癸日丑加申、庚辛日戌加巳、爲長生乘墓、此皆指五行之墓言。考之諸家、咸謂壬課重日，當從十幹之墓、不應從五行墓，今特改訂之、

(墓)未爲甲癸之墓　戌爲丙戊乙之墓　丑爲庚丁己之墓　辰爲壬辛之墓

按甲長生在亥、祿在寅、墓在未、乙長生在午、祿在卯、墓在戌，丙戊長生在寅、祿在巳、墓在戌、丁己長生在酉、祿在午、墓在丑；庚長生在巳、祿在申、墓在丑、辛長生在子、祿在酉、墓在辰、壬長生在申、祿在亥、墓在辰、癸長生在卯、祿在子、墓在未，欲知墓之起法、當以十幹起(長生)、(沐浴)、(冠帶)、(臨官)、即祿神也(帝旺)、(衰)、(病)、(死)、(墓)、(絕)、(胎)、(養)、十二定名，陽幹順行、陰幹逆行、依次排列、始可無誤；詳見『命理探原』墓之吉凶、前已言之、若(長生)(祿)二者、見於課傳年命，百事皆吉、不可不知。至於(沐浴)爲五行敗氣。(冠帶)

爲材質已成。（旺）爲強壯。（衰）爲告休。（病）爲垂老、（胎）（養）爲未成。（死）（絕）爲凶煞。可不言而喻矣。

論破

破者散也、移也、其法以十二枝環列、陽日破後四辰。陰日破前四辰。凡破臨日、入傳、惟宜散凶事。不宜成吉事。若年命見破、主有損傷。又四孟見酉。四仲見巳。四季見丑、名破碎煞、凡占破損不完。（破）午卯破、辰丑破、酉子破、戌未破、亥寅破、申巳破、

論害

害者、阻也、閡也。其法以十二枝從辰戌兩分、自戌至卯、橫列於下。自酉至辰、橫加於上。上下相交、卽爲六害。凡害臨日入傳、事多阻隔、只宜守舊。

(害)酉戌害　申亥害　未子害　午丑害　巳寅害　辰卯害

論刑

刑者、傷也、殘也。如申子辰三合、加寅卯辰三位、則申刑寅、子刑卯、辰見辰、自刑。寅午戌加巳午未、則寅刑巳、午見午自刑、戌刑未。巳酉丑、加申酉戌、則巳刑申、酉見酉、自刑、丑刑戌。亥卯未、加亥子丑、則亥見亥、自刑、卯刑子、未刑丑。合中生刑、猶之夫婦反目、竟失偕隨之義。凡刑臨日入傳、必主傷殘。互刑者、無禮無義、大蕩小淫。朋刑者、無情無恩、威陵勢挾。自刑者、自選自作、失敗宜然。幹刑應在外速。枝刑應在內遲、

(刑　子刑卯　卯刑子為無禮之刑。又為互刑。　寅刑巳　巳刑申　申刑寅
為恃勢之刑。又為朋刑。　丑刑戌　戌刑未　未刑丑　為無恩之刑。又為朋刑。　辰刑辰　午刑午
酉刑酉　亥刑亥為自刑。

按此條採『命理採原』、與『大全』所云、申不能刑寅、未不能刑丑、稍異。按之『大全』互刑爲無禮。朋刑爲恃勢、無恩、及自刑諸義。其實相通

論衝 驛馬附

衝者、動也。格也。其法以十二枝環列、陰陽各相對爲衝、即返吟之例。凡衝皆主動移、歲月幹枝皆不宜衝。衝歲、歲中不足。衝月、月中不足。而吉神尤不宜衝、衝則不吉。凶神宜衝、衝則不凶。此二語宜消息之、不可固執、

(衝)子午衝　丑未衝　寅申衝　卯酉衝　辰戌衝　巳亥衝

按六衝固如上說、又有衝三合之首一字者、爲(驛馬)。亥卯未日在巳。寅午戌日在申。巳酉丑日在亥。申子辰日在寅。如臨幹枝、三傳、占時、本命、則以動移論。或以行程論。再鑒別其所乘何神、所臨何煞、定其吉凶。

論應期

課傳演定、神將釐分。論斷應期、首從發用。而吉凶究竟、散期皆決於末傳。若發用起太歲者、吉凶應在本年之內。如今年甲子、發用見子之類、起月建者、應在本月之內。如正月建寅、發用見寅之類。起月將者、應在月將值事日之內。如卯將發用見卯之類。起四立者、（立春、立夏、立秋、立冬、）應在一季之內。起二十四氣者、（立春、雨水、驚蟄、春分、清明、穀雨、立夏、小滿、芒種、夏至、小暑、大暑、立秋、處暑、白露、秋分、寒露、霜降、立冬、小雪、大雪、冬至、小寒、大寒、）應在本氣之內。如立春乙丑、而發用見丑之類。起旬首者、應在本旬之內。如丁卯日發用見甲子之類。起七十二候者、（每年十二月。每月二氣。每氣三候。每候五日。）應在本候之內。如雨水壬寅日爲第一候、丁未日爲第二候、壬子日爲第三候、發用見寅、或見未見子之類。起本日幹枝者、應在本日。如庚午日、發用見申、或見午之類。起所占之時者、應在當時。如占午時、發用見午之類。如歲月節候均不見發用、卽以本日枝辰推之。如丑日、寅爲初傳、應在第二日。卯爲初傳、應在第三日。出四位則不取矣。又或以用神之上下爲月期。以占日愛惡之神爲日期。吉課以生扶占日者爲愛神。凶課以尅制占日者爲惡神。如吉課、戊己日占、以卯加辰發用。則月期在二月、以二月建卯故也。不在二月、當在三月、以卯加辰故也。其日期、宜在丙丁之日。以丙丁能生戊己、此卽以占日愛神爲日期也。又如凶課、甲乙日占、以巳加申爲發用。則月期在四月、以四月建巳、故也。若四月不應、當在七月、以巳加申故也。其日期、則在庚辛之日。以庚辛能尅甲乙、此卽以占日之惡神爲日期也。又或以初傳所合爲成期、末傳所衝爲散期、或以發用墓絕爲應期（占結絕事用此。）或以三合少一字、則以少一字爲成期。或以空亡填實、及補足課傳、又爲成期者。此類不勝枚舉。要不外旺氣爲現成。主近。相氣爲將來。稍遠。休囚等。皆爲已往。遠甚而已。語云。知其要者。一言而終。不知其要。流散無窮。此在明達者之善悟也。

張次公曰。占斷莫神於尅應期。（原書尅作刻。）亦莫難於尅應期。前輩論六壬以發用年月日時斷應期。占病看虎鬼臨處、（占病云云。足補前論未及。）占行人看發用墓絕、兼看末傳三六合。占數目。（真數歌云、甲己子午九、乙庚丑未八、丙辛寅申七、丁壬卯酉六、戊癸辰戌五、巳亥無幹四。）休從本數、旺從乘數、相從倍數、死囚從減數、此皆學者所當知也。然有不盡準者、非法不善、乃泥而不化耳，如占硯，逢太歲發用、可以歲計，占筆墨、亦可以歲計乎，占墳宅、可以歲計，占花草、亦可以歲計乎，如人壽難滿百、得寅辰旺相相乘、可計三百五十歲乎，如師旅動以千計、得休囚神將、可斷五七人乎，此等處全在因時因事、細參課象、以討其消息，是所謂神而明之、存乎其人，

按由占時至應期、要言不煩，天下之萬事萬物、是非成敗、禍福榮辱、總不出此範圍。惟視用之者何如耳，

論占事

占晴雨、以幹為天、幹上所乘之神將應天，以枝為地、枝上所乘之神將應地，以天空、螣蛇、朱雀、巳午、及旬中丙丁為晴，其所乘之神應晴，所乘者、天盤地枝也。所臨之將應晴期，所臨者、地盤地枝也。餘倣此。以青龍、天后、亥子、及旬中壬癸

爲雨、其所乘之神應雨、所臨之將應雨時雨方。

占田蠶、以幹爲農、爲蠶婦。幹上所乘之神將、應農、應蠶婦。以枝爲田、爲蠶。枝上所乘之神將、應田。應蠶。以卯爲正東田。午爲正南田。酉爲正西田。子爲正北田。辰巳爲東南田。未申爲西南田。丑寅爲東北田。戌亥爲西北田。其所乘之神、應田。以寅卯爲青種。午巳爲赤種。申酉爲白種。亥子爲黑種。辰戌丑未爲黃種。其所乘之神、應種。以青龍與寅、爲桑。其所乘之神、應桑。以朱雀與午、爲頭蠶。以騰蛇與巳、爲二蠶。其所乘之神應蠶。

占墳丁、以幹爲生人。幹上所乘之神將、應生人。以枝爲亡人，爲墳。枝上所乘之神將、應亡人、應墳。以青龍爲左砂。白虎爲右砂。朱雀爲案山。玄武爲後山。其所乘之神、應左右砂、前後山。以印綬爲父母。比劫爲兄弟。財星爲妻爲財，官殺爲夫爲官。傷食爲男女。其所乘之神、應父母、兄弟、妻財、及夫官、男女。

占家宅、以幹爲人。幹上所乘之神、應人。以枝爲宅。枝上所乘之神、應宅。（又以幹爲舊宅。枝爲新宅。）以午爲廳堂。子爲內室。卯爲前門。酉爲後戶。其所乘之神、應廳室門戶。以未爲井。巳爲竈，其所乘之神、應井、竈。所臨之將應井、竈方，

占身命。以幹爲人。幹上所乘之神將、應人。以枝爲業，枝上所乘之神將、應業。以長生爲壽元。財星爲財帛。臨官爲食祿。其所乘之神、應壽元。所臨之將應財帛、及食祿方。病神爲病。死神爲死。其所乘之神、應病死。所臨之將、應病死日。以印綬爲父母。比劫爲兄弟。財星爲妻爲財。官殺爲夫爲官。傷食爲男女。其所乘之神、應父母、兄弟、妻財、及夫官、男女。所臨之將。應一切憂喜。

占婚姻，以幹爲己。幹上所乘之神將應己。以枝爲彼。枝上所乘之神將應彼。男占以天后爲女、財星爲妻。女占以六合爲男。官殺爲夫。其所乘之神應夫妻。所臨之將應嫁娶期。以青龍爲喜。六合爲媒。朱雀爲庚帖。太

常爲聘禮。其所乘之神、應喜、應媒、應庚帖、聘禮。

占胎產。以幹爲婦、幹上所乘之神將、應婦。以枝爲胎。枝上所乘之神將、應胎。以青龍、六合、傷食、胎神、爲胎。其所乘之神、應胎。所臨之將、應男女，以天空、傷、食、養神、爲產，其所乘之神、應產、所臨之將應產期，以孕婦本命爲孕婦。其上乘下臨之神將、應孕婦。

占考選。以幹爲人。幹上所乘之神將、應人。以枝爲題爲職。枝上所乘之神將，應題、應職。以朱雀爲文字。爲榜案。青龍爲喜神。驛馬爲前程。其所乘之神、應文字、及榜案次第。所臨之將、應試期、發案、及前程。小試、以官殺爲府縣。月建爲文宗。鄉試以月建爲主考。會試以月將爲總裁。殿試以太歲爲君相、其所乘之神、應府縣、文宗、主考、及總裁、君相。武試以巳爲弓。午爲馬，酉爲刀石。鎗同申爲箭。砲同其所乘之神、應弓、馬、刀、石、箭。所臨之將、應射期。即試期。其餘應視神將、與文同。選官、以官殺爲官。寅爲吏部。如占武選、以申爲兵部，如占陞遷。以月將爲上司。太歲爲陞見。朱雀爲文憑。驛馬爲前程。其所乘之神、應選官、分部、陞見、及領憑、到任期。以臨官爲任所。戌爲印綬。其所乘之神、應任所方、及接印日。

占商賈。以幹爲人。幹上所乘之神將、應人。以枝爲業。枝上所乘之神將應業、（又以幹爲本身。枝爲夥友。）以財星爲資本。其所乘之將應資本。所臨之將應賣貨方、得財期。以類相爲貨物。其所乘之神、應賣貨方。所臨將應買貨方、得貨方，以印綬爲利益、其所乘之神應利益。所臨之將。應得利益期。以驛馬爲行程。其所乘之神、應行程。所臨之將應行期、至期里數。以六合爲經紀。六合與所乘之神、應經紀。所臨之將應經紀方。以卯爲驢騾舟車、卯與所乘之神、應驢騾舟車。所臨之將、應載至期。

占否泰，以幹爲人、幹上所乘之神將應人。以枝爲事。枝上所乘之神將應事。以太歲爲一歲。太歲上所乘之神將、應一歲。以月建爲一月、月建上所乘之神將、應一月。以枝爲一日、枝上所乘之神將、應一日。

占病醫，以幹爲人。幹上所乘之神將、應人。以枝爲病。枝上所乘之神將、應病。以白虎病神、為病症。其所乘之神、應病症。所臨之將應經絡。亥子屬腎。巳午屬心。寅卯屬肝。申酉屬肺。辰戌丑未屬脾。此十二神所專屬也。若變通論之。亥子主膀胱。巳亥主頭面。寅申主手足，辰戌主頂門。丑未主肩背耳。卯主大小腸。午主脊脅。酉主膽。〇金神乘白虎。必是肝經受病。可治肺、而不可治肝。木神乘白虎。必是脾經病。可治肝、而不可治脾。水神乘白虎。必是心經受病。可治腎、而不可治心。火神乘白虎。必是肺經受病。可治心、而不可治肺。土神乘白虎。必是腎經之病。可治脾、而不可治腎。又火鬼肺病。水鬼心病。金鬼肝病。土鬼腎病。木鬼脾病。如鬼受尅、並空亡。不治亦瘥。以病人本命及類相為病人。其上乘下臨之神、應病人。以死神、絕神、為死。其所乘之神、應死。所臨之將應死期。以長生、為壽。其所乘之神、應壽。以臨官為祿。其所乘之神、應祿。所臨之將、應食祿期。以驛馬為行動。其所乘之神、應行動。所臨之將應行期。以長生為醫生、又為藥草。其所乘之神、應醫生藥草。所臨之將、應醫室、病退期。

占訟罪、以幹為己。幹上所乘之神將、應己。以枝為彼。枝上所乘之神將、應彼、以類相為訟人。德神為父。長生為母。印綬又為父母之類。類相為訟事，青龍為財。勾陳為田。卯為舟車。午為驢馬之類。六合為中證。其所乘之神、應訟人，訟事、中證。以朱雀為呈詞，為差票。其所乘之神應呈詞、差票。所臨之將、應呈詞日、差票日。以官殺爲官。其所乘之神、應官。所臨之將、應訊期。以寅爲書吏。勾陳爲拘差，其所乘之神、應書吏、拘差。所臨之將、應拘期。以絕神爲息訟。其所乘之神、應息訟。所臨之將、應息訟期。以刑煞爲刑、其所乘之神、應刑。所臨之將應刑日、刑方。

占逃捕，以幹爲己。幹上所乘之神將、應己。以枝爲彼。枝上所乘之神將、應彼。以逃人本命、及類相、爲逃人。其所乘之神、應逃人。所臨之將、應逃方。以驛馬爲程途。其所乘之神、應程途。所臨之將、應程期里數。以朱雀、爲呈詞、爲差票、爲信息。其所乘之神、應呈詞、拘票、信息。所臨之將、應呈詞、拘票、信息期。以官殺爲官、其所乘之神、應官。所臨之將、應訊期。以寅爲書吏。勾陳爲捕人。其所乘之神、應書吏、捕人。所臨之將、應捕期。

按以幹枝論主客等事、固如上說。若引而伸之、占天庭求事、則幹爲舉主、枝爲臣爲我。占交易、則幹爲人、枝爲物。占出行、則幹爲住爲陸。枝爲往爲水。占謀望、則幹爲我、枝爲他。占動靜、則幹爲動爲來。枝爲靜爲憩。占漁獵、則幹爲人、枝爲物。然此僅就幹枝言、而未及「四課」、「三傳」、「年」、「命」、不得謂爲全璧。欲求辨萬事之始終、判一切之得失者。必須於「四課」、「三傳」、「年」、「命」、九處、合而觀之、始無差誤。即以類神言、亦必須於此九處現者、乃爲有效。否則謂之類在閒池、無甚裨益。如占婚姻、以「官殺」、「六合」爲男。「財星」「天后」爲女。看此四者落在何處、又遇何神。再以「德」「合」「祿」「馬」「刑」「衝」「破」「害」「生」「尅」「制」「化」及「旺」「相」「死」「休」「囚」一一衡之。則何者當令不當令。何者有氣無氣。何者空亡不空亡。自可瞭如指掌。據此以斷、其賢愚成否、雖不命中、亦不遠矣。略舉一例。餘可類推。

論次客

張鋐曰。一日之內。常有數人來占。俱拈得一時者。於是有次客之法。古時。不用占人之年命。故也。迨後凡占俱列占人年、命。課同而年命不同。次客法遂廢而不用。此余聞之前輩者。余細思課雖同、而各人所占之事未必盡同、則應各按所占以斷。若課同、而占事又同者。應以各人年命上神將、與課傳、參較作斷。至次客法、不一其說。有云第二人又拈得此時。取此時之前三辰為正時。第三人又拈得此時。取此時之後五辰為正時。四五人又從二三人正時上。前三後五。取作正時。俱以月將加時布課。有云、陽日取前三辰。陰日取後五辰。有云、陽時取前三辰。陰時取後五辰。亦以月將加時布課。此皆換時不換將也。有云、陽日取地盤前三辰為月將。陰日取地盤後五辰為月將。金口訣云、陽神為月將。取天盤後三辰為月將。陰神為月將。取天盤前五辰為月將。俱除本位算。各加正時布課。此皆換將不換時也。紛紛擾擾。無義可尋。余無取焉。

集說篇 先賢傳略附

金科玉律訣

遠溯上古軒轅聖。作爲數祖六壬定。（六壬治於軒轅。由來已久。）十二陰陽天地盤。太陽加向時辰正。（謂以月將加正時也。）天乙順逆乾巽中。陰陽子午最有情。上下枝兮合進化。二十四氣分玲瓏。（貴人順逆。界以乾巽。而陰陽又彔子午。含天地盤十二枝。以應二十四氣。參伍錯綜。變化不一。故曰玲瓏。）日幹得祿仔細推。四正前後緩徘徊。（十幹寄宮。皆爲德祿。子、午、卯、酉、爲四正。故無寄宮。）其中四課參差用。前二爲陽後陰隨。（一課三課在前、爲陽。二課四課在後、爲陰。）靜心指出三傳竅。九課宗首斯爲要。（六十花甲子日。共七百二十課。其三傳之法。不外九課。故曰宗首。）涉害一門須酌斟。逆回未位淺深妙。擇取最深發用奇。返吟伏吟有深機。（發傳之法。先取下賊上爲重審。無則取上尅下爲元首。如有二三賊尅。則取與日幹相比者爲知一。若俱比、俱不比、乃涉害也。涉害發用最難。須視他盤、歷歸本家。取受尅深者爲初傳。稍一不察。即有訛誤。故叮嚀曰須酌斟。返吟、伏吟、有尅者。仍用重審、元首、知一例。無尅者。取馬取刑。）別責八專皆妙理。古人立法不能違。（別責、陰陽不同。八專、順逆各異。昴星、俯仰有別。古人立法。具有至理。不能或違也。）三傳既定課乃神。就中衰旺須詳論。（生爲長生。旺爲帝旺。言生、旺、而墓、絕胎、養、在其中矣。生旺爲吉。衰墓爲凶。然有坐旺而凶。衰甚而吉者、須於三傳詳論之。披神帶煞有元解。神煞交互深意存。吉要氣與凶要衰。有根無根仔細猜。深兮淺兮須解悟。莫把死生一樣排。一層深入一層去。開三撥五須詳細。逆則吉兮吉不全。順則凶兮凶不畏。吉凶神煞。固宜互觀。而有根無根。及陽生陰死。陰死陽生。與夫順逆三五。輕重從違之道。尤不可不講。透天一竅最通靈。猶恐三傳未易評。三幹遁處有重輕。其中揀取臨生旺凶吉要安閒。遁幹有三。旬幹遁、五虎遁、五鼠遁是也。其最重者爲旬幹遁、餘次之。切忌刑衝與穿、破。不分凶吉要安閒。刑衝穿破、皆不安閒。縱橫天地盤中出。貫遁四課與三傳。陽神、陰神、縱橫二盤。詳察秋冬與春夏。五行配之須變化。四時、五行關係最大。旬有陰陽遁有幹。惟有時枝居在下。遁幹固當留意。而時爲先鋒。亦須重視。不可以其居下而忽之。兩意從教著意輪。日時年月共均分大事重視年月。小事重視日時。似爲兩意均分。然年月與日時。實有密切關係。吉反爲凶。凶轉成吉者。比比皆是。須著意論之。毋固執也。但將始事推終事。吉與凶兮莫誤人。初始末終之謂。更詳掌中上及下。靜事地中動天旺。天盤主動。地盤主靜。貴人亦有天地分。陰陽兩盤須的當。貴有順逆。又有陰陽。本命行年細細營。幾人共課不雷同。課可同、年、命、必不可同。寅上起男申上女。陰陽分派順逆蹤。男女行年。順逆各別。更從年上起生月。一年十二皆詳閱。年上起月。又深一層。此法知者鮮矣。參天兩地論神祇。起伏制剋休咎別。論幹枝神祇。明得起伏剋尅。則休咎自可鑒別矣。陽課爲我陰課人。動事屬此靜爲陰。箇中消息真元妙。剖盡人間萬事因。幹爲我。又主動。枝爲人。又主靜。天下萬事萬物。俱不出此範圍。

按此訣載在圖書集成藝術典、語只六十有四、而壬學精華、自始至末、囊括無遺。惜無註釋、讀者每易忽之、因據檮昧之見、、略加箋解、著糞續貂之誚、所不避也。

課體綱要

語云、欲究吉凶、須詳課體、課體不明、吉凶難測、課體關係、不綦重乎、顧課經、心鏡、所載、名目繁瑣、旨趣淵深。初學讀之、每難索解、經緯、雖只列九十種、上自賊尅、下迄空亡、其大端已具。惜語多重複、徒占篇章。茲再提綱挈領言之○曰乾坤、一上尅下名元首。一下賊上名始入。一上尅下。又有一下賊上。名重審。宜細辨之。歌云、一位上尅下。元首數爲君。一位下賊上。始入不忠稱。上尅下、臣忠子孝。下賊上、子逆臣乖○曰知一、詳見推演篇。三、傳。下倣此。事有兩歧、擇善而從。人有親疏、就近棄遠○曰涉害、取所涉深者、事多艱難。風霜盡歷。取四孟者、事屬猶疑、見機急改。取四仲者、事防謀害。知著察微。取幹上神者、事應交爭、久延乃得○曰遠尅、神遙尅日者、先驚恐而後安然。日遙尅神者、遠圖難而近取易○曰昴星、驚危百出、耐守方佳。曰別責、殘缺不全、另謀始妥○曰八專、二人同心、其利斷金。陽主進速、陰主退遲○曰返吟、衝動不安、惟利舊事○曰伏吟、俯伏如常、緩圖新局、此以賊尅論者。

曰歸福、枝加幹、生幹。生我者衆、大都從心○曰俯就、幹加枝、受生。求彼者多、不盡如意○曰脫我、一名偃蹇。枝加幹、受生。人來作盜、預防減輕○歷虛、幹加枝、受生。自尋虧耗、不知分量○曰欺我、枝加幹、尅幹。小人道長、橫逆相加○曰取辱、幹加枝、受尅。君子道消、咎由自取○曰招夫、枝加幹、受尅。得非分之財○曰贅壻、幹加枝、尅枝。受他人之利○曰壯基、枝加幹、比幹。得道多助○曰培本、幹加枝、比枝。樂成人美○曰歸合、枝加幹、合幹。不勞而獲○曰求合、幹加枝、合枝。屈志從人。此以幹枝論者。

曰連茹、三傳亥子丑、子丑寅之類、爲進連茹。亥戌酉、戌酉申之類。爲退連茹。順茹、主牽連引進○逆茹、主牽連引退。吉則愈吉。凶則愈凶。然有順茹、而末空者。反以退論〇逆茹、而末空者。當作進言。若初傳逢空。則進不能進。退不能退矣〇曰間斷、三傳亥丑卯、子寅辰之類。為進間斷。亥酉未、戌申午之類。為退間斷。順間、則前進多阻〇逆間、則後退有妨。一見空亡、不拘此說。此以三傳連茹論者。

曰玄胎。三傳寅申巳亥之類。主生機蓬勃、攸往咸宜〇曰關隔、一名三交。三傳子卯午酉之類。主門戶破傷、陰私暗昧〇曰稼穡、三傳辰戌丑未之類。見丁神、一名遊子。主耕耘田地、動吉靜凶〇曰木局、三傳亥卯未之類。主仁政遠敷、甘棠成蔭〇曰火局、三傳寅午戌之類。主文明有象、照燭無遺〇曰金局、三傳巳酉丑之類。主鋒刃肅煞、革故鼎新〇曰水局、三傳申子辰之類。主源流不息、灌漑功深，此以十二地枝五行論者。

曰印綬、三傳生幹。三傳合局生幹。三傳幹枝合局生幹。幹上生幹。枝上生枝。幹上生枝。枝上生幹。枝生幹。枝合局生幹。幹合局生幹。初生中、中生末、末生幹、末生中、中生初、初生幹。皆是。主扶持得力、或事因父母、或子女災驚〇曰傷食、初傳受幹生。三傳合局受幹生。三傳幹枝合局受幹生。枝上受枝生。幹上受幹生。幹上受枝生。枝上受幹生。枝受幹生。枝合局受幹生。幹合局受枝生。幹生初、初生中、中生末、幹生末、末生中、中生初、皆是。主脫耗為殃、或事因子女、或喪夫失職〇曰官鬼、初傳尅幹。三傳合局尅幹、三傳幹枝合局尅幹。枝上尅枝。幹上尅幹。幹上尅枝。枝上尅幹。枝尅幹。枝合局尅幹。幹合局尅幹。初尅中。中尅末。末尅幹、末尅中、中尅初、初尅幹。皆是。主官鬼當權、或事因夫星官職、或昆弟災驚〇曰財星、初傳受幹尅。三傳合局受幹尅。三傳幹枝合局受幹尅。枝上受枝尅。幹上受幹尅。幹上受枝尅。枝上受幹尅。枝受幹尅。枝合局受幹尅。幹合局受幹尅。幹尅初、初尅中、中尅末。幹尅末。末尅中、中尅初。皆是。主辛勞得利、或事因妻財、或父母災驚〇曰比劫初傳比幹。三傳合局比幹。三傳幹枝合局比幹。枝上比枝。幹上比幹。幹上比枝。枝上比幹。枝合局比幹。幹合局比幹。皆是。主勢均力敵、或昆弟爭財、或妻妾災驚、此以生尅定名論者。

曰退齡。長生乘青龍爲初傳。主喜慶。又應望重年高〇曰潔己。沐浴乘玄武爲初傳。主委靡。又應潔身去垢〇曰凶服。冠帶乘白虎、爲初傳。主憂驚。又應喪服齊衰〇曰衣祿。臨官乘太常、爲初傳。主財帛。又應食祿出仕〇曰崇位。帝旺乘貴人、爲初傳。主尊榮。又應廟堂貴顯〇曰荒淫。衰乘天后、爲初傳。主破敗。又應好色戕身〇曰久患。病乘勾陳、爲初傳。主挫折。又應疾病纏綿〇曰暗死。死乘太陰、爲初傳。主昏聵。又應死亡不明〇曰禁繫。墓乘天空、爲初傳。主違法。又應困守樊籠〇曰決絕。絕乘朱雀、爲初傳。主廢除。又應斷絕難續〇曰孕童，胎乘六合、爲初傳。主生氣、又應隱匿懷胎〇曰異產。養乘騰蛇、爲初傳。主完美。又應進步添丁。此以長生、沐浴、論者。

曰刑傷、（初傳刑幹。幹枝相刑。幹枝上相刑。枝上刑枝。幹上刑幹。幹上刑枝。枝上刑幹。初刑中、中刑末、末刑中、中刑初。皆是。）必致離異○曰搖動、（初傳衝幹。幹枝相衝。幹枝上相衝、枝上衝枝。幹上衝幹。幹上衝枝。枝上衝幹。初衝中、中衝末。末衝中。中衝初。皆是。）必致變遷○曰破損、（初傳破幹。幹枝相破。幹枝上相破。枝上破枝、幹上破幹。幹上破枝。枝上破幹。初破中、中破末。末破中。中破初。皆是。）必致傷亡○曰仇害、（初傳害幹。幹枝相害。幹枝上相害。枝上害枝、幹上害幹。幹上害枝。枝上害幹。初害中、中害末。末害中。中害初。皆是。）必致傾軋○曰和合、（初傳合幹。幹枝相合。幹枝上相合。枝上合枝。幹皆合幹。幹上合枝。枝上合幹。枝合中、中合末。末合中、中合初。皆是。）必致歡欣○顧名思義、可以得之，此以刑衝破害合論者。

曰前程、（馬為初傳。）應勞動出行○曰天恩、（太歲為初傳。乘貴、合、龍、常、雀、后、與日幹相生相合。）應極尊極貴○曰天禍、（太歲為初傳。乘蛇、虎、陰、陳、武、空、與日幹刑衝破害。）應至大至凶○曰得勢、（一名及時。春木。夏火、秋金、冬水、季土、為初傳。或幹枝上乘此。三傳合此局。）應當王者貴○曰失時、（春金土、夏金水、秋火木、冬火土、季月水木、為初傳。或幹枝上乘此。三傳合此局。）應功成身退○曰既往、（春水。夏木、秋土、冬金、季月火、為初傳。或幹枝上乘此。三傳合此局。）應事過情遷○曰將來、（春火、夏土、秋水、冬木、季月金、為初傳。或幹枝上乘此。三傳合此局。）應方興未艾○曰時泰、（月將、月建、為初傳。乘貴、合、龍、常、雀、后、與日幹比和生合。）應時亨運通○曰時否、（月將、月建、為初傳。乘蛇、虎、陳、武、陰、空、與日幹刑衝破害。）應時乖運否○此以驛馬、太歲、春、夏、秋、冬、及月將、月建、論者。

曰孤哀、（初傳屬印綬，或幹枝三傳合局見印綬。而又值空亡。）則作事寡助、或主父母損傷○曰螟蛉、（初傳屬傷食○或幹枝三傳合局見傷食而又值空亡。）則受人欺詐、或主子女損傷○曰鰥居、（初傳屬財星○或幹枝三傳合局屬財星○而又值空亡。）則利權喪失、或主妻妾損傷○曰孀居、（初傳屬官殺○或幹枝三傳合局屬官殺○而又值空亡。）、則官訟空爭、或主夫亡職替○曰失羣、（初傳屬比劫○或幹枝三傳合局屬比劫○而又值空亡。）則劫耗虛驚、或主昆弟損傷、此以生尅定名值空亡論者。

曰干貴。（初傳乘貴人，）主事屬官貴○曰恐懼。（初傳乘騰蛇、）主驚惶怪異○曰文書。（初傳乘朱雀，）主文章音信○曰交合。（初傳乘六合，）主往來和好○曰爭訟。（初傳乘勾陳，）主訴訟糾纏○曰喜慶。（初傳乘青龍，）主富貴吉祥○曰朝天。（初傳乘天空，）主奏對虛偽○曰災傷。（初傳乘白虎，）主疾病憂喪○曰宴會。（初傳乘太常，）主酒食衣冠○曰遁脫。（初傳乘玄武，）主盜賊失脫○曰暗昧。（初傳乘太陰，）主婢妾陰私○曰干婦。（初傳乘太后、）主爭起婦女。此以十二天將發用論者。」

曰斷輪、（三傳卯戌巳，）職位陞遷、事當改革○曰鑄印、（三傳巳戌卯，）銅符將握、只利官人○曰軒蓋、（三傳午卯子。）駟馬高車、無關黎庶○曰斬關、（辰戌臨幹枝發用。）奪塞斬關、一日千里○曰六陰、（傳課全見丑、卯、巳、未、酉、亥、六陰枝。）便小人而利私謀、須防陰極陽生○曰六陽、（傳課全見子、寅、辰、午、申、戌、六陽枝。）便君子而利公幹、只恐陽極陰生○曰迴還、（三傳三神與四課同）去而復返、終必成功○曰一體、（三傳酉酉酉。）禍不單行、難乎爲繼。此以課傳大象論者、

曰斬首、（初傳空。）棒喝當頭、難於謀始○曰斷橋、（中傳空。）中無主宰、廢於半途○曰刖足、（末傳空。）事難持恆、克終者寡○曰始終、（初傳屬旬首。末傳屬旬尾。）首尾啣接、聲氣相通。此以三傳空亡及旬幹首尾論者。然此不過略言課體之綱要。至於吉凶從違、當視行年、本命、及所乘何將、所屬何神、所臨何神、一一參詳之、始可無誤。若欲再求深造、仍須細玩課經、心鏡、二書也。

論天將乘神生尅

貴人己丑土。螣蛇丁巳火。朱雀丙午火。六合乙卯木。勾陳戊辰土。青龍甲寅木。天空戊戌土。白虎庚申金。太常己未土。玄武癸亥水。太陰辛酉金。天后壬子水。此十二天將之五行也、然壬課論生尅、以天將所乘枝神

之五行爲主、不論天將所屬五行也。卽有之、亦不過如神尅將、爲內戰、主凶重。枝神子丑尅天將蛇武之類。將尅神、爲外戰、主憂輕。天將蛇雀尅枝神申酉之類。又如化尅爲生、主先凶後吉。辛酉日、三傳寅午戌、枝神火局尅幹、天將貴常勾皆屬土生幹之類。至於大吉大凶、尋論論斷、必須以天將所乘枝神之五行爲準繩、如貴人本屬土、乘申酉卽屬金。論生尅當以金言。白虎本屬金、乘丑未卽屬土、論生尅當以土言。蓋十二枝神。不著吉凶。生幹爲吉。尅幹爲凶。十二天將、雖著吉凶。若乘神生幹、則凶將亦吉。乘神尅幹、則吉將亦凶。故將之吉凶、不必盡泥。而神之生尅、務宜詳究。欲辨神之生尅、先視某天將、乘何枝神。某枝神、屬何五行。然後與日幹、日枝、課傳年命等處、互相較量。孰爲相生、孰爲相尅。則某人爲福、某人爲禍。某事可成、某事必敗。均不難推測而知矣。經云、貴人尅日、立見責罰，日尅貴人、喜事相得。螣蛇尅日、陰孕乖離。日尅螣蛇、疑怪交加。朱雀尅日、火燭災殃。日尅朱雀、文書信約。六合尅日、婦女私訟。一云、子必在外。日尅六合、婚姻和合。勾陳尅日、追呼不明。日尅勾陳、官事遭迍。青龍尅日、財物損失。日尅青龍、財利重重。天空尅日、虛詐不實。日尅天空、不義反忠。白虎尅日、病者多災。日尅白虎、行人道路。太常尅日、因酒致食。日尅太常、酒食分張。玄武尅日、立發盜賊。日尅玄武、最宜捉捕。太陰尅日。奴婢走失。日尅太陰、喜事頻臨。天后尅日、婦女妬嫉。日尅天后、私情酒食。以管見論之、不僅尅日如斯。卽尅年命、亦當作如是觀也。按貴人爲天將之主、順治則凡占多順。逆行則凡占多逆。順逆之分、吉凶係焉、此尤不可不知。

論顯晦

類神入課、傳、爲顯。入年、命次之。課、傳、年、命、俱不入爲晦。各隨所宜。詳其吉凶。有宜顯不宜晦者、如問官責官星。問財責財神等是也。有宜晦不宜顯者。如問病責虎鬼。問訟責朱雀等是也。

論虛實

旬空主虛。旬首主實。火神臨幹、枝、發用、主虛。水神臨幹枝、發用、主半虛半實。惟金木土神臨幹、枝、發用主全實。

論向背

吉神得地爲向。不得地爲背。向背如何。專看天上神、所臨之地盤。若得常、得照、爲得地、爲向。若陷空、入墓、受尅、及還刑、衝、破、害。爲不得地、爲背。此大概也。然其中有正有變。不可不知。如生我者爲恩主。我生者爲救神。尅我者爲鬼賊。我尅者爲財星。皆正也。若變而通之。則有見生不生。不如無生者。如木日。水爲生。若水居旺金之上。水自戀生。不來生我。水居旺土之上。水自受尅。不能生我。縱幹枝、行年上見之。亦不能生我。若水臨空亡。其凶反甚。占父母上人之病。主不救、占干求官長。亦主徒然。有見尅不尅。不如從賊者。如木日、金爲鬼。

若金居旺土之上。金自戀生。不來尅我。金居旺火之上。金自受尅。不能尅我。金陷空亡。亦不能尅我。有見財不財。枉費心懷者。如木日、土爲財。若土居申酉之上。生金尅木。禍如反掌。此爲財入鬼鄉。非惟無利。而其害不可勝言。土居空亡。亦主不吉。有見救不救。災須自受者。如木日見金。得火爲救。若火居旺水之上。火自受尅。不能救我。火居旺木之上。火自戀生。不能救我。火立空亡。無力制鬼。亦不爲救。如不見鬼、而有救神。反爲盜洩。尤不言吉。有見盜不盜。本根無耗者。如木日火爲盜。若火居旺水之上。火自受尅。不能盜我。火落空亡。無力爲盜。皆不言凶。凡此之類。似向實背。吉中有凶。似背實向。凶中有吉。占者須詳究之。不寗惟是。卽傳課見父母爻者。言憂子孫。見兄弟爻者、言憂妻財。見子孫爻者、言憂官祿。見妻財者、言憂父母。此亦大較也。殊不知課傳雖叠見妻財。而幹、枝、年、命、上。並無父母爻，未可便言父母有災。惟幹、枝、年、命、上、先有父母爻。而後課傳叠叠逢財。始可言父母上人有災。或求財有妨生計。或妻妾悖逆翁姑等事。若日上乘官鬼能生父母。盜其財爻。則父母反無咎矣。又如傳見父母、而幹、枝、年、命、上、見、兄弟。則子孫無憂。又如傳見子孫。而財臨幹枝。則子孫受洩。惟利遷官應試。占訟有罪。問病難甦。又如傳見官鬼。而父母臨幹。則己身、及兄弟無憂。又如傳見兄弟。而子孫臨幹。則子孫受生。兄弟受洩。而妻反無恙。財益豐盈矣。此類不勝枚舉。惟智者能參之。

論進退

傳進爲進。傳退爲退。進空宜退。退空宜進。再觀三傳。吉則宜進。凶則宜退。

論存亡

占人得生旺爲存。死墓爲亡。若問人不知存亡。專視白虎尅枝上神則亡。不尅則存。若占久出之人。行年臨孟則存。臨仲則病。臨季則亡矣。

論男女

純陽主男。純陰主女。一陽二陰主男。一陰二陽主女。陽神臨陽位主男。陰神臨陰位主女。貴、蛇、雀、勾、龍、虎、爲陽將。后、陰、合、空、常、玄、爲陰將。

論老少

看發用所臨之地。臨孟爲少。臨仲爲壯。臨季爲老。又看其有氣爲少。無氣爲老，

論新舊

用起旺相爲新。休囚爲舊。長生爲新。墓神爲舊。孟神爲新。仲神爲半新。季神爲舊。陽日用起長生爲新。墓神爲舊。陰日視日德。日德之長生爲新。日德之墓爲舊。如發用新。陰神舊。或發用舊。陰神新。皆主新舊參半。舊臨新爲用。主舊事復新。新臨舊爲用。主新事帶舊。占物。新神發

用、爲新物。舊神發用爲舊物。爲已死物。占六畜。旺相無刑。爲畜養之物。休囚死墓、或逢刑。爲已殺之物。

論貴賤

旺氣爲貴。衰氣爲賤。天乙爲貴。騰蛇爲賤。太歲至尊。併月建、爲官長。皆旺氣也。然得地爲貴。敗、絕、空亡、爲賤。貴人坐印爲有祿、是貴，敗、絕、空亡、是賤。坐印、如甲子日、以乙丑爲貴。丑加申、見壬申、壬爲甲之印。故爲坐印。乃有祿之人來生我也。又如甲子日、以辛未爲貴。未加辰、見戊辰。戊爲甲之財。爲坐財。似可言吉。其實戊能生辛尅日。反主有祿之人害我也。又如庚寅日。見丙戌。丙爲庚之殺、乃是日鬼，戌臨亥。爲火絕於亥。是害我者爲貧賤人也。

論親疏

幹爲我。枝爲彼。幹枝上下。至爲六合、三合、或相生者。彼此相契、爲親。不聯合、不相生者。道不同、不相爲謀、爲疏。若幹枝各成三合局者。爾爲爾、我爲我、爲尤疏。並主各不相顧。發用、類神、與幹三合。六合。或相生者。爲親。不聯合。不相生者。爲疏。發用類神係日德。爲親。又爲舊交。發用。類神。與幹枝同氣。爲本家人。如甲日見寅卯。子日見亥之類。發用。類神。與幹枝相親相近。爲鄰近人。如丙日見辰午，午日見巳未之類。若論六親。生日幹者爲父母。如甲乙日以子爲父。亥爲母。壬癸爲外翁姑。午爲子。巳爲女。丙丁爲外甥。寅爲伯。爲兄。卯爲叔。爲弟。甲爲姊。乙爲妹。辰戌丑未。爲妻妾之類。

論左右

枝左爲左。枝右爲右。如日枝。以子爲宅。則丑爲左。亥爲右。以午爲對隣。看其與日幹。或與日上神比和生合者。爲順。刑尅者主不睦。假如左右上神、自尅其下。或作空亡。則其鄰衰替。若乘火鬼尅戰。則其鄰必有火災。若乘白虎、死氣、正月起午、順行十二枝者是。必乘死喪。乘朱雀。必主口舌。乘玄武。必主盜失之類。

論高低

有氣爲高。無氣爲低。如辰爲陵墓。有氣則主高聳。無氣則主低塌。又幹上發用爲高。枝上發用爲低。如占失物。值幹上發用。則物藏高處。值枝上發用。則物藏低處之類。

論勝負

幹尅枝我勝。枝尅幹彼勝。幹枝比和。彼我俱不勝。上尅下、先舉者勝。下賊上、後起者勝。幹被上尅、尊負。枝被上尅、卑負。幹枝俱被上尅。尊卑皆負。幹被枝上尅、我負。枝被幹上尅、彼負。凡占八專課。又當分陰陽喜忌斷之。如己未日、己爲我。見卯與六合爲相尅、則忌。見寅與青龍爲相合、則不忌。未爲彼。見寅與青龍爲相尅、則忌。見卯與六合爲三合。則不忌。觸類傍通。未可執一。豈獨決勝負哉。

論動靜

幹枝主靜。三傳主動。故幹枝有生意宜動。若傳見凶將。則宜靜不宜動。幹枝見惡煞宜靜。若傳見扶助。則宜動不宜靜。又有以幹爲剛主動。枝爲柔主靜者。其理亦通。惟必須幹坐生方、乃可動。若受尅陷、反宜靜。斬關、（幹枝上臨辰、戌。）游子。（三傳辰、戌、丑、未，見丁神。）宜動。稼穡。（三傳辰、戌、丑、未、無丁神。）墓、合、宜靜。

論遲速

幹枝在貴人前。或發用在貴人前。或幹枝入傳。凡占皆速。幹枝在貴人後。或發用在貴人後。或幹枝不入傳。凡占皆遲。斬關、及傳見占時、丁神、驛馬、貴人順行。或發用在日辰前者、主事速。伏吟、涉害、及傳見空、墓、貴人逆行。或發用在日辰後者。主事遲。

論遠近

發用類神。臨幹爲近。臨幹陰次之。隔一二三四位漸遠。七位者極遠。適七位。則與幹反近矣。發用類神。臨枝爲遠。臨枝陰更遠。如以幹枝、發用、對待言。幹枝爲近。發用爲遠。以三傳言。初近、中遠、末更遠。並爲最高。因三傳相因。皆是上神。愈傳則愈高也。以課體言。知一、伏吟、爲近。涉害。返吟、遊子、斬關、爲遠。以衰旺言。休囚爲近。旺相爲遠。以天將言。貴常爲近。龍合爲遠。

論方所

子爲江湖。寅卯爲山林。丑爲山田、墳墓。未爲平田、又爲井。午爲市、又爲道路。巳爲窯竈、申爲園場。又爲道路。酉爲城、戌爲營。辰爲崗嶺、牆垣。又爲衙署。亥爲水邊樓臺。如論住居。子爲房。丑爲牆。寅爲道路。卯爲大門。辰爲米棧。巳爲廚竈。午爲廳堂。未爲園井。申爲庭心天井。酉爲後門。戌爲浴堂。亥爲坑廁水瀆。又丑加亥爲橋。未加亥爲井。亥加寅爲樓臺。如寅卯爲山林。得木火旺相入課傳。林中必有時新果品。被剋則爲破林斷木。休囚則爲枯朽林木。乘天空則林下必多尿糞。加亥子則爲叢林大溪。蓋木主曲直。水爲大溪也。又如卯爲大門。有烝。主門庭堅固。刑、衝、破、害、則主殘缺矣。

中黃歌

從來剋應幾般期。惟有中黃另一規。先別木金火水土。即將下位上神推。凡論應期。先看發用、是何枝神。即以發用下一位之枝神、所臨地盤爲應期。

若是用神爲亥子。但尋丑位落何枝。凡亥子發用，卯以天盤丑、所臨之神爲應期。如丑臨子、則子爲應期。臨寅、則寅爲應期、餘倣此、

用神若也歸寅卯。天罡辰所立更無疑。凡寅卯發用、即以天盤辰、所臨之神爲應期。

忽然巳午初傳見。又向天盤未位思。凡巳午發用、卯以天盤未、所臨之神爲應期。

申酉二神惟近取。戌宮之下列如眉。凡申酉發用、即以天盤戌、所臨之神爲應期。

更有季神爲用者。戌中覓丑始爲奇。丑看辰兮辰看未。未視何魁戌永不移。凡戌發用、即以天盤丑、所臨之神爲

應期。丑發用看辰。辰發用看未。未發用看戌。亦如此論從此輪流爲妙訣。勸君記取勿多歧。

按此歌載在六壬纂要、言簡意賅、中有至理。學者再參觀本書論應期篇、則於尅應之道、思過半矣、至藝術典所載。文字雖異、其法實同。歌曰、用傳申酉戌爲期。亥子須從丑上推。寅卯不離辰上用。方知巳午未當時。土神四季前爲用。此課傳人可指迷。附書於此、以供參考。

釋壬貫道篇

壬之一字。其義何居。老子云。道生一。一生二。二生三。三生萬物。董子曰。三畫而連其中者謂之壬。天地人。參而通焉者也。孔子曰。一貫三爲王。壬字與王字何以異。其異者王字三畫皆同。壬字三畫各別耳、蓋聖人取義。用天一生水。天五生土。水爲萬物之血脈。土爲萬物之根基。同生同死。水數一土數五。合而成六。且壬字上一畫斜者。象水之朝東。下一畫重者。象地之厚載。中一畫長者。從則爲天地。横則爲宇宙。與天地宇宙同用。加以水土生育之功。有覆載之至德。卽謂以此。命名六壬。誰曰不然。（四庫全書提要。釋六壬二字。尤爲簡當。見本書瑣記。）故壬式上盤圓。法天。下盤方、法地。在天成象、有星宿。故用天罡爲斗杓。太陽爲月將。二十八宿爲直符。在地成形有方岳。故用八卦據四方。四維立四門。二十四氣爲準則。中明人道。仰觀天文俯察地理。故有三奇、二煩、稼穡、遊子等課之占。或用歲不出歲。月不出月。或用二十四氣。則半月之間。或用七十二候。則五日之期。皆法天地。軌於歷數者也。其於尊卑。則日爲尊。辰爲卑。其於親疏。則日爲親。辰爲疏。其於夫婦。則日爲夫。辰爲婦。其於父子。則日爲父。辰爲子。其於君臣。則天乙爲君。諸將爲臣。其於職位。則丞相將軍。其於進退。則前一後一。其於陞黜。則有逆有順。其於生殺。則有陽有陰。降於元女。演於軒轅。上則占乾象之休咎。中則占人事之吉凶。下則占地紀之災祥。一世一身。一時一刻。無幽不燭。無事不明。彰往察來。見微知著。修身治己。保國宜家。纖悉不外於其理。毫髮莫逃於此數。君子可豫定趨避。小人亦免罹陷阱。休泥丸珠之在盤。當求三隅之反一、乃作讚曰。效法天地。貫通鬼神。啓建皇極。軌範人倫。述於賢者。作於聖人。無物不照。無禱不靈。垂教萬古。月益日新。含宏精奥。大哉六壬。

按天罡。辰○二十八宿。斗、牛、女、虛、危、室、壁○奎、婁、胃、昴、畢、觜、參○井、鬼、柳、星、張、翼、軫○角、亢、氐、房、心、尾、箕○三奇。甲子甲戌旬、發用丑○甲申甲午旬、發用子○甲辰甲寅旬、發用亥○此爲旬三奇○二煩。日月宿俱臨仲、斗繫丑未○詳見大全○稼穡○三傳辰、戌、丑、未、無丁馬游子。三傳辰、戌、丑、未、遇旬丁、天馬發用○丞相。○青龍將軍。○勾陳

瑣記 十條

四庫全書提要云。六壬與遁甲、太乙。世謂之三式。而六壬其傳尤古。大抵數根於五行。而五行始於水。舉陰以起陽　故稱壬。舉成以該生。故曰六。其法有天地盤、與神將相臨。雖漸近奇遁九宮之式。然大旨原本羲爻。蓋亦易象之支流。推而衍之者矣。

程愛酉云。宋仁宗最嗜六壬。故其時習此學者甚多。而以元軫、苗公達、

爲最。至徽宗高宗時，邵彥和一出。又駕諸人之上。理宗時、有淩福之者。本邵公之法。作畢法賦。於是諸法咸備。至平至當。一掃疑神疑鬼之習氣。至金朝、則以六壬、三命諸術、考試司天臺之學生。時有徐次賓者。精於其學。著一字訣玉連環。皆六壬家一脈相傳也。

又云。讀楊忠愍公年譜。知公通三式之學。可見此學爲君子所不棄。晉之戴洋。唐之李靖。元之劉秉忠。耶律楚材。明之劉青田。亦皆兼精於此。諸公豪傑之資。小道不遺。固知非渺見寡聞之輩。所能窺測者也。

又云。善六壬者。吳越春秋。則載子胥、少伯、文種。公孫聖。晉書則載戴洋。龍城錄則載馮存澄。五代史則載梁太祖。夷堅志則載蔣堅。稗史則載朱允升。堯山堂外紀亦載朱允升、徽州府志則載程九圭。松江府志則載陳雨化。蘇州府志則載徐大衍。皇甫焯。元史則載劉秉忠。然古今善六壬者。當不止此數人。惜余孤陋。於書籍所見有限。未能一一詳舉耳。

又云。馬端臨、文獻通考之論六壬云。近世著龜道息。而此術甚行。又云。五代史金鑾密記。皆極言其驗。夫所云五代史者。當指賀瓌傳而言。若金鑾密記。予所見者皆摘本。未知全部中所載云何。

又云。類神之陰神。古人只云責其情狀。殊不知亦可斷應期。但須看與類神。如何交關。

又云。距呈坎五里曰揚干。有王牧夫先生者。六壬尤精。先生名謙。號師彦。又號種松道人。久客淮揚。求占者户外之屨常滿。所著有六壬占驗存略兩册。斷法專重取象。與吳稼雲先生見解相同。其貴人起例。壬癸日晝用卯。夜用巳。餘日與諸本相同。其論行年。間有取行年上神之上神者。令人不解。如六十歲行年在丑。丑上加巳。不以巳論吉凶。而以巳上之酉斷吉凶也。張鉞云。天地間萬物。無一不具始終。以天地言、天一生水。地六成之。成即終也。以陰陽言、陽主生。陰主死。死即終也。以五行言、金木水火土。旋相爲宮。相比則生。相隔則尅。十幹、十二枝、亦如之。生爲始。尅爲終也。故明乎始終。則吉凶不外是矣。

又云。吉凶之應。萬變紛紜。或吉中有凶。或凶中有吉。或似吉而有大凶。或似凶而有大吉。凶則視其所救。吉則視其所害。凶而有救。不致於禍。吉而有害。不及於福。純凶則禍成。純吉則福至。

又云。六壬與易無殊。易以陰陽消長。明進退存亡之道。六壬以日幹爲本。生尅爲端、生卽陽。尅卽陰。生卽長。尅卽消也。幹上吉、枝上吉、三傳吉者。宜動宜行。此卽進退存亡之道也。故深於易者。見六壬而洞然。深於六壬者。卽壬亦可見易矣。

問答十八條

問六壬數也。而亦有理耶。曰一部羲經。無非卽數以觀象。卽象以明理豈有無理之數。

問壬課占斷多門。非若專以官鬼子孫爲用者。各有把鼻也。甚至一課諸格並見。吉凶混淆。占者已不勝狐疑。更何以决人之疑。曰向占每坐此病。

近玩繫辭。方以類聚。物以羣分二語。頗有會心。蓋吉凶各從其類。如家有喜慶事。不止一人歡欣。必有親朋躋堂稱賀。亦不止一身吉服。必有鼓樂喧塡。綵燭輝煌。雖行路見之。皆不問而知爲喜事。又如讞獄。一般鬬殺。必有器具鄰證。戶婚必有媒保書劵。不徒決於兩造控辭也。夫壬課惟其占斷多門。而後可以窮極事變。曲達物情。故四課、三傳、正時、（即所占之時。）年、命、俱當參看。以辨其類。如占家宅。遇玄胎課。未便決其有孕。再看胎財上課否。有生氣否。（正月起子、順行十二枝。）或帶天喜。（正月起戌、順行十二枝。）血支。（正月起丑順行十二枝。）等煞否。有三兩處見喜兆。方可決其有孕。餘占準此。

問方以類聚固是。然或幹枝吉、而三傳不吉。或三傳吉、而年命不吉。將何以決之。曰吉凶相倚。未始相離。泰卦不無凶爻。否卦亦有吉爻。天地間因喜致憂。因禍致福者。比比皆然。占者須辨別出喜中憂。憂中喜來。如占功名。貴朱得地。又逢虎鬼乘旺。往往斷吉不是。斷凶又不是。須知吉凶互見。各從其類。自有並行不悖之道。如得功名後。或丁憂。或自殃。此吉處藏凶也。又如文王囚羑（音酉）里。卻因而賜弓矢。專征伐。此凶處藏吉也。

問方以類聚。是吉多從吉。凶多從凶否。曰吉凶類聚。如已著者也。吉凶微兆。此難辨者也。吉多固從吉。若合中犯煞蜜中砒。吉多凶少。卻以凶斷。凶多固從凶。若衆鬼雖彰全不畏。凶多吉少。卻以吉斷。

按合中犯煞蜜中砒者、乃三合發傳、枝幹上所乘之神、或與發傳犯刑害、或與發傳犯衝。吉內藏凶、故曰蜜中砒也。衆鬼雖彰全不畏者、乃三傳皆鬼、幹枝上所乘之神、或爲傷食、或爲印綬、一可制鬼、一可生身。故曰全不畏也。

問課或以局斷。或以象斷。或以類神斷。或以天將斷。或以枝神斷。紛紛不一。果以何者爲準乎。曰易有卦體、卦象、卦德、卦爻、卦名。其所占亦不一。彖傳、及大小象、所繫卦之辭。或舉其全。或從其一。或參其半。各以親切而著明者取之。即如雷以動之。言其象、兼言其德。風散、雨潤、日暄、則專言其象。艮止兌說、言其名、兼言其德、若乾以君之。坤以藏之。言其名、兼言其體。亦各有所宜耳。

問十二天將所屬甚多。果知爲何物耶。曰看所占者何事、何人、何時、則知爲何物矣。如同一青龍。占天時、則爲行雨之神。占功名、則爲吉神。占病、則爲煞神。又看其所乘何將。所加何方。乘水則爲舟爲魚。乘陸則爲棗爲脯。又看衰旺何如。虎乘驛馬旺相。則主道路。乘囚死則爲病喪。乘官鬼則爲訟。亦隨時爲變通耳。

問課得吉象。知爲何吉。課得凶象知爲何凶。曰青龍旺相。又得財爻。知有進財之喜。若會太常。知有婚姻之喜。合貴神。知有功名之喜。凶可類推。

問壬課重天將。但視天將之吉凶。可也。曰天將之吉凶。亦當分別看。如貴人固吉。占病則凶。白虎固凶。占官則速。尤當視技神上下盤衰旺生尅何如。

問衰旺以時爲斷。抑以地爲斷乎。曰時旺、如舟遇順風、地旺、如舟行順水。比旺如遠行多伴。不畏欺陵。合旺、如妻從夫榮。不畏强暴。四者皆可參看。而時、地、則尤重焉。如風水俱順。舟行如飛。風順水逆。風力勝仍以順斷　風力微則以逆斷。若青龍乘寅卯。春占、是得天旺。加亥子寅卯、是得地旺。天地俱旺全吉。若乘寅卯。加申酉。又逢刑衝。雖春占得時。如魚失水。逢春不躍。若青龍陰神得亥子、則能洩申酉之尅。而助寅卯之旺。地雖逆而風力勝、一日可行數百里。

問神將二字。有以貴神爲神者、有以天將爲神者、果宗何說、曰登明亥。河魁戌、從魁酉等、此爲十二枝神、貴人、螣蛇、朱雀等。此爲十二天將。六壬大全卷二枝神總論。天將總論。明言之矣。讀者不察。見其有登明亥。正月將。貴人天帝之神之說。遂謂十二枝神爲將。十二天將爲神。其實大誤。按張炎功謂將字從月將而名。神字指貴人而起。此說亦非。特改正之。

問乘與臨何別。曰天將所遇之枝神爲乘。所加之地盤爲臨。乘則視天時之衰旺。臨則視地利之得失。

問做工夫當如何。曰學、問、思、辨。缺其一、皆不可也。平時要有心得。臨事要有天機。

問何以有心得。曰熟看古人條例。細察人情事故。久而疑處能悟。窒處能通。則有心得矣。

問何以有天機。曰人心虛則靈。滯則不靈。靜則明。躁則不明。故平日要不離古人。臨事要不泥古人。泥則滯矣。貴而名公巨卿。賤而田夫乞兒。皆以一心應之。若有高卑之見。則躁亂矣。此如射法。不可貪中。只須心正體直。望的而發。不貪功。不近名。雖不中不遠矣。爲人占課。照理而斷。其靈不靈。不可設以成心。一有成心。便無天機。

問緊要何在。曰三傳要明其候。四課要辨其位。占斷要從其類。吉凶要如其分數。課、傳、年、命、等處。要分開。又要聯絡。此數句須熟玩。

問分數何說。曰所難者此也。如占官、知他是何品級。占選舉、知他是何等第。占財、是多是寡。占病是危是死。於此見得確當。便駸駸乎一貫矣。程子曰。韓信將兵。多多益善。只是分數明耳。大凡天下事先要分得明。然後會得通。如治絲然。必理其緒而分之。後比其絲而合之。故一貫之道。其功不在一而在萬。不能逐事理會。便要求箇一。終是囫圇混過了。問斷課以機。機果何在。曰爻象以情言。吉凶以情遷。機即情之動處也。故得機由於得情。得情由於得數。

問事有定數。占之何益。曰禍福在天。吉凶由人。易曰貞吉。言正則吉。不正則不吉也。易曰无咎。言如此則无咎。不如此則有咎也。除死生富貴。自有天定外。一切進退取舍。介乎休咎之間者仍在人。而不可專諉於天。故易言其象。亦視乎占之者何如耳。

卜筮論

卜筮之道。易出於羲。壬出於黄。其來遠矣。上天下地中人。一切妖祥禍福之事。皆由於動。故曰吉凶悔吝生於動。壬式以尅賊而發用者。動之義也。動而吉者。三奇六儀之類。動而凶者，飛魂九醜之類。動而悔吝者。贅婿三交之類。每成一課。卽以此類。决萬事之榮枯。定庶務之否泰。鮮有不中者。但吉凶悔吝之旨。在乎情察。難以理拘。一失其旨。禍福不驗。非心印、指掌、畢法、占鑑、諸書。熟玩於平日。臨時貫通而會悟之、不能也。且夫知來藏往之學。務宜專心致志。以探其奧。至於出而問世。尤當知禁忌之所在焉。一在求數者來意不虔。率爾索占。或以猥瑣之事。虛誑之言。故作戲耍則不應。二在衍數者心緒不一。勉强從事。或當酣醉之後。疲憊之時。漫爲酬答則不應。三在成數之後。有以數字致問者。有以屢卜致請者。易曰初筮告。再三瀆。瀆則不告。如此者亦不應。更有疾風迅雷。弦晦分至。並宜忌之。學者知此。而本古先聖賢。留術濟世之意。出之以虛心接物。毋執己見。毋徇人情。毋貪利而輕洩天機。斯得之矣。

按六儀。（六甲旬首發用。）飛魂。（正月起亥。順行十二宮。復加人行年。或日辰發用。）九醜。（戊壬子午今。乙己辛卯酉○丑臨支辰仲時今。動靜爲九醜。）贅婿。（日幹魁辰。又自加臨發用。）三交。（四仲日時占爲一交。課傳皆仲爲二交。將逢后朱陰合爲三交。）心印。指掌。（皆賦名。凡指南。）畢法。（宋理宗朝、凌福之撰。）占鑑。（宋徽宗朝、衢州邵彥和撰。）

司馬季主傳

自古受命而王。王者之興。何嘗不以卜筮決于天命哉。其於周尤甚。及秦可見。代王之入。任於卜者。太卜之起。由漢興而有。（索隱案、周禮有太卜之官。此云由漢興者。謂漢自文帝卜大橫之後。其卜官更與盛焉。）司馬季主者。楚人也。（索隱按、云楚人。而太史公不序其系。蓋楚相司馬子期子。反後姓也、季主見列仙傳、）卜於長安東市。宋忠爲中大夫。賈誼爲博士。同日俱出洗沐。（正義、漢官儀、五日一假洗沐也。）相從論議。誦易先王聖人之道術。究徧人情。相視而歎。賈誼曰。吾聞古之聖人。不居朝廷。必在卜醫之中。今吾已見三公九卿。朝士大夫。皆可知矣，試之卜數中以觀采。（索隱、卜數、猶術數也。音所具反。劉氏云、具數筮之亦道、筮必以易、易用大衍之數也、）二人卽同輿而之市。游於卜肆中。天新雨、道少人。司馬季主閒座。弟子三四人侍。方辯天地之道。日月之運、陰陽吉凶之本。二大夫再拜謁。司馬季主視其狀貌。如類有知者。卽禮之。使弟子延之坐。坐定。司馬季主。復理前語。分別天地之終始。日月星辰之紀差。次仁義之際。列吉凶之符。語數千言。莫不順理。宋忠。賈誼、瞿然而悟。獵纓正襟危坐。索隱、獵、攬也。攬其冠纓。而正其衣襟。謂變而自飾也。危、一作免。謂俯俛爲敬。曰吾望先生之狀。聽先生之辭。小子竊觀於世、。未嘗見也。今何居之卑。何行之汙。索隱、音烏故反。司馬季主捧腹大笑曰。觀大夫類有道術者。今何言之陋也。何辭之野也。今夫子所賢者何也。所高者誰也。今何以卑汙長者。二君曰、尊官厚祿。世之所高也。賢者處之。今所處非其地。故謂之卑。言不信。行不驗。取不當。故謂之汙。夫卜筮者。世俗之所賤簡也。世皆言曰。夫卜者。多言誇嚴。以得人情。索隱、謂卜者自矜誇而莊嚴。以得人情也。虛高人祿命。以說人志。擅言禍災。以傷人心。矯言鬼神。以盡人財。厚求拜謝。以私於己。此吾之所恥。故謂之卑汙也。司馬季主曰。公且安坐。公見夫被髮童子乎。日月照之則行。不照則止。問之日月疵瑕吉凶。則不能理由是觀之。能知別賢與不肖者寡矣。賢之行也。直道以正諫。三諫不聽則退。其譽人也。不望其報。惡人也。不顧其怨。以便國家利衆爲務。故官非其任。不處也。祿非其功。不受也。見人不正。雖貴不敬也。見人有汙。雖尊不下也。得不爲喜。去不爲恨。非其罪也。雖累辱而不愧也。今公所謂賢者。皆可爲羞矣。卑疵而前。（索隱、疵、音貲。）孅趨而言。（索隱、孅音纖。孅趨、猶足恭也。）相引以勢。相導以利。比周賓正。（徐孚遠曰、賓正、猶擯正也。）以求尊譽。以受公奉。事私利。枉主法。獵農民。以官爲威。以法爲機。求利逆暴。譬無異於操白刃劫人者也。初試官時。倍力爲巧詐。飾虛功。執空文以調主上。用居上爲右。試官不讓賢陳功見僞增實。以無爲有。以少爲多。以求便勢尊位。食飲驅馳。從姬歌兒。不顧於親。犯法害民。虛公家。此夫爲盜不操矛弧者也。攻而不用弦刃者也。欺父母未有罪。而弑君未伐者也。何以爲高賢才乎。盜賊發不能禁。夷貊不服不能攝。姦邪起不能塞。官耗亂不能治。四時不和不能調。歲穀不熟不能適。（索隱、音釋。適、猶調也。）才賢不爲。是不忠也。才不賢而託官位。利上奉。妨賢者處。是竊位也。（索隱、奉、音夫用反。）有人者進。有財者禮。是偽也。子獨不見鴟梟之與鳳皇翔乎。蘭芷芎藭。棄於廣野。蒿蕭成林。使君子退而不顯衆。公等是也。述而不作。君子義也。今夫卜者必法天地。象四時。順於仁義。分策定卦。旋式正棊。（集解、徐廣曰。式、音拭、索隱按、式、卽拭也。旋轉也。拭之形上圓象天。下方法地。用之則轉天綱加地之辰。故云旋式。棊者筮之狀。正棊蓋謂下以作卦也。）然後言天地之利害。事之成敗。昔先王之定國家。必先龜策日月、而後乃敢代。正時日、乃後入。家產子必先占吉凶。後乃有之。（張照云。生子必視其時日。占其吉凶。其後亦俱有應。）自伏羲作八卦。周文王演三百八十四爻。而天下治。越王勾踐。倣文王八卦。（索隱倣、音方往反。）以破敵國。霸天下。由是言之。卜筮有何負哉。且夫卜筮者。埽除設坐。正其冠帶。然後乃言事。此有禮也。言而鬼神或以饗。忠臣以事其上。孝子以養其親。慈父以畜其子。此有德者也。而以義置數十百錢。病者或以愈。且死或以生。患或以免。事或以成。嫁子娶婦。或以養生。此之爲德。豈直數十百錢哉。此夫老子所謂上德不德。是以有德。今夫卜筮者。利大而謝少。老子之云。豈異於是乎。莊子曰。君子內無飢寒之患。外無劫奪之憂、居上而敬。居下不爲害。君子之道也。今夫卜筮者之爲業也。積之無委聚。藏之不用府庫。徙之不用輜車。負裝之不重。止而用之。無盡索之時。持不盡索之物。游於無窮之世。雖莊氏之行。未能增於是也。子何故而云不可卜哉。天不足西北。星辰西北移。地不足東南。以海爲池。日中必移。月滿必虧。先王之道。乍存乍亡。公責卜者言必信。不亦惑乎。公見夫談士辯人乎。慮事定計。必是人也。然不能以一言說人主意。故言必稱先王。語必道上古。慮事定計。飾先王之成功。語其敗害。以恐喜人主之志。以求其欲。多言誇嚴。集解徐廣曰一作險莫大於此矣。然欲彊國成功。盡忠於上。非此不立。今夫卜者。導惑教愚也。夫愚惑之人。豈能以一言而知之哉。言不厭多。故騏驥不能與罷驢爲駟。而鳳皇不與燕雀爲羣。而賢者亦不與不肖者同列。故君子處卑隱以辟衆。自匿以辟倫。微見德順。以除羣害。以明天性。助上養下。多其功利。不求尊譽。公之等喁嗚者也。何知長者之道乎。宋忠、賈誼、忽而自失。芒乎無色。索隱、芒、音莫郎反。悵然噤口不能言。索隱、悵、音暢。噤、音禁。劉氏音其錦反。於是攝衣而起。再拜而辭。行洋洋也。出市門。僅能自上車。伏軾低頭。卒不能出氣。居三日。宋忠見賈誼於殿門外。乃相引屏語。相謂自歎曰。道高益安。勢高益危。居赫赫之勢。失身且有日矣。夫卜而有不審。不見奪糈。集解、徐廣曰。音所。駰案、離騷經云懷椒糈而要之、王逸云。糈精米、所以享神之。爲人主計而不審。身無所處。索隱。糈者。卜求神之米也。言卜之不中。乃不見奪其糈米。若爲人主計不審。則身無所處也。此相去遠矣。猶天冠地屨也。此老子之所謂無名者。萬物之始也。天地曠曠。物之熙熙。或安或危。莫知居之。我與若何足預彼哉。彼久而愈安。雖曾氏之義。集解、徐廣曰。曾一作莊。未有以異也。久之。宋忠使匈奴。不至而還。抵罪。而賈誼爲梁懷王傅。王墮馬薨。誼不食。毒恨而死。此務華絕根者也。索隱、言宋忠、賈誼、皆務華、而喪其身。是絕其根本也。太史公曰。古者卜人所以不載者。多不見於篇。及至司馬季主。余志而著之。

嚴君平傳

師古曰。地理志謂君平爲嚴遵。三輔決錄云。君平名尊。則君平其字也。

嚴遵。字君平。蜀人也。隱居不仕。常賣卜於成都市。以爲卜筮者。賤業而可以惠衆。人有邪惡非正之問。則依蓍龜爲言利害。與人子言依於孝。與人弟言依於順。與人臣言依於忠。各因勢導之以善。從吾言者。已過半矣。裁日閱數人。師古曰。裁、與才同、閱、歷也。得百錢足自養。則閉肆下簾而授老子。師古曰、肆者市也、列所坐之處也 博覽無不通。依老子嚴周之指。著書十餘萬言。師古曰。嚴周即莊周。揚雄少時從游學。已而仕京師顯名。數爲朝廷在位賢者、稱君平德。杜陵李彊、素善雄。久之。爲益州牧。喜謂雄曰。吾得君平爲從事。足矣。雄曰。君備禮以待之。彼人可見而不可得詘也。彊、心以爲不然。及至蜀。致禮與相見。卒不敢言以爲從事。乃歎曰、揚子雲誠知人也。通志、引類說云、蜀有富人羅冲者。問君平曰、君何以不仕。君平曰、無以自發。冲爲君平具車馬衣糧。君平曰、吾病耳。非不足也。我有餘而子不足。奈何以不足奉有餘。冲曰、吾有萬金。子無儋石。乃云有餘。不亦謬乎。君平曰、不然。吾前宿君家。人定而役未息。晝夜汲汲。本嘗有足。今我以卜爲業。不下牀而錢自至。猶餘數百。塵埃厚寸。不知所用。此非我有餘而子不足耶。冲大慚。君平歎曰、益我貨者損我神。生我名者殺我身。故不仕。遂以其業終。享年九十餘。蜀人愛敬。至今稱焉。

星卜家事跡 二條

宇文精華、引周密齊東野語云。紹興末有韓慥者。賣卜於臨安之三橋。多奇中。庚辰春。曾侍郎仲躬、呂太師伯恭、至其肆。則先一人在焉、問其姓。宗子也。次第諸命。首言趙可至郡守。卻多貴子、不達者亦卿郎。次及曾。則曰命甚佳。有家世。有文學。有政事。亦有官職。只欠一事。終身無科第。次至呂問何幹至此。呂曰赴試。曰去年不合發解。今安得省試一。曰赴詞科、曰卻是詞科人。但不在今年。詞科別有人矣。後三年。兩試皆得之且不失甲科。復叩其所至。沈吟久之。曰、名滿天下。可惜無福，已而其言皆驗。

梁恭辰勸戒錄云。廣泉都城隍廟有二星士。一陳氏子。本三水諸生。家貧。掉三寸舌。賣卜度日。後登賢書。賣卜如故。一胡姓者。其名尤噪。俗所謂金吊桶者也。歲久。積有贏餘於城東買田築室。子孫繩繩焉。然細叩二人技。非真精於星學者。特祿命偶然奇中。人遂傳爲今之李虛中矣。惟士民爭訟。往問卜以斷吉凶。二人必飾辭排解。冀兩造息訟乃已。與人談五行。嘗云、生來者不足恃。當修其在我以培補之、則福臻而壽可延。若恣意忘爲。雖命逢三合。削祿減算。亦難乎免矣。指陳之際。歷舉前人軼事。以昭勸戒。娓娓可聽。聞者動容。多賴以化導嚮善。是殆奉君平遺教。以其業惠衆者。宜其立名獲利也。挾一技之長。亦足以善及人。其食報且如此。上焉者可以蹶然興矣。

賣卜危言

仿朱柏廬先生治家格言

黎明即起、臨摹法帖、要篆畫整齊。既昏便息、溫習經書、必精神貫注。一動一言、當思瞻聽所繫，半勸半戒、恆念世道攸關。宜未卜而虔心。毋臨占而率意。演課必須審慎。對人尤貴謙和。判斷簡而明、片言勝多瀆。禍福詳其理。淺顯愈艱深。勿占國事、勿卜逃亡。士農工商、皆可與之言。長幼老少、均宜導以善。吉凶固當直述。是非萬勿狂談。忠孝節義、勸勉不可不誠。酒色財氣、警告不可不切。決疑先明得失。立論不外倫常。勿讚倖進之名。勿許非法之利。遇富貴豪華、戒其貪暴。見貧苦困難、勸以勤勞。隨波逐流、根基難保。得隴望蜀、悔吝必多。遠佞親賢、預知其獲福。見利忘義、逆料其招殃。占婚姻 莫苛擇、免誤時期。占胎產、毋慌張、乃全子母。謀望若遠行、告以謹始。經營如自立、教其慎終。對要津而獻諂諛者、最可恥。見寒士而露輕薄者、賤莫甚。戒人好爭訟、健訟終凶。勸主莫分家、處家尚忍。毋許強徒、而凌偪孤寡。毋譽惡少、而放浪形骸。先事後卦、名乃遠著。粗心浮氣、藝豈能精。興衰成敗、須觸機而判。行止動靜、宜崇實爲先。輕聽發言、安知非人之詐僞、當靜觀神色。因事相爭、安知非我之不是、須涵養性情。奇驗無誇、不中宜念。交友須存長厚、作事務要持恆。人有學術、不可生妒嫉心。人有舛誤、不可生譏誚心。事事留神、賢愚易曉。頭頭是道、左右逢源。握粟以贍身家。我不愧怍。耕硯而無租稅、人謂神仙。胸襟豁達、雖顯揚不獲、亦有餘歡。世界昇平、即囊橐無餘、自得至樂、講學志在聖賢。行道心存仁義。竭智盡忠。利人益己。賣卜若此、庶乎近焉。

按珊幼聆師訓云、朱柏廬先生治家格言、語語從四子六經、及先儒語錄中來。讀之平淡無奇、而氣息之醇厚、義意之精確、正如布帛菽粟。上自王公、下及黎庶、無一日可離、即無一人可離。摹而效之、雖竭盡平生之力、亦難幾其萬一。珊何人斯、詎敢妄作。今夏偶見餘墨偶談。載有何小字刺史、居官格言一篇。倣治家格言體例。雖氣息義意、不及柏廬之醇厚精確、要其敍事說理處、大可爲居官座右銘也。子思曰、君子素其位而行。珊學殖荒落、敢慕外乎。謹就所知、勉著斯篇。學步效顰、知所不免。通人讀之、能無齒冷。然爲中材以下說法。有不能已於言者。海內高明、倘賜以糾削、則幸甚幸甚。

占卜一斑錄

珊不善卜、而亦不敢率意爲人卜。乃世之樂就珊卜者。恆踵相接。幾若珊能卜、而珊遂虛負卜名矣。其實珊何嘗言卜哉、言其理而已。理與卜通、卜與理合、聖人言理、而不泥於卜、雖百世可知。卜者泥卜、而不詳其理。故百無一當。乙丑夏、吾友王子祝三、函謂珊曰、大著論卜、誠簡明矣。惜未示人以規矩、盍補刊君之占驗如干條、俾初學有所指歸。珊感王子之不棄、而尤感王子之愛初學。不敢藏拙、命門人鈔錄舊稿八則、附載于此。略言其理而已、若謂占驗、則吾豈敢，丙寅三月朔、自記。

己酉年七月十七日巳將巳時十八歲甲午命占從戎

自任

兄	比	寅	丙	龍
子	傷	巳	己	雀
鬼	煞	申	壬	后

虎	虎	龍	龍
子	子	寅	寅
子	子	寅	甲

	雀	蛇	貴	后	
	巳	午	未	申	
合	辰			酉	陰
陳	卯			戌	武
	寅	丑	子	亥	
	龍	空	虎	常	

安徽某君、擬投筆從戎、卜前途休咎。珊曰、校上子水、乃甲木日幹之印綬。今竟與君之午命犯衝。此舉雖豪、恐與尊翁意旨不合、欲行又止耳。彼曰、家嚴儒者、但知訓蒙教讀、不肯順世界潮流、今日何時、豈可雌伏、而爲牖下書生耶。珊曰、無違爲孝、孔子嘗言之、君何忘耶。況初傳之寅爲月破、而君家世安徽、捨西南而東北、不獨南京之友、不足恃、即鎮江之友亦不足恃、究將何往耶。彼曰、日前在寧、訪友不值、聞其奉差蒞鎮、故特來相依、求爲介紹。頃間走謁、又不吾見、君言寧鎮之友、皆不

足恃、斯言似之。然余尚有其他捷徑、究未識從戎以後、前途休咎若何也。珊曰、天地盤相加、十二枝神、無一位移易、課名伏吟、動輒得咎、靜乃安全。且貴人逆行、螣蛇臨命、雖欲雄飛、勢不可得。四海交游、何足恃哉。而況君之所希望者、立武功、享盛名、然必須捐萬千人之頭顱、糜萬千人之肢體、而後換得。非惟存心殘忍、即自家生命、亦無時不在危險之中。道德經云、佳兵者、不祥之器。曹松詩云、憑君莫話封侯事、一將功成萬骨枯。此言可深長思也。如果不圖僥倖。素位而行。鎔經鑄史、繼承父業。以文章華國、以孝友傳家。何患不聲名遠著、到處歡騰哉。彼曰、君何所見而云。珊曰、中傳之巳、朱雀帶太陽、末傳之申、官鬼爲月建、皆具有特殊之功効。不過利文不利武、宜靜不宜動耳。彼曰、君言皆有物、且與家嚴意旨、不謀而合。僕疑團盡釋。妄念頓消、今晚決計買舟旋里、閉戶讀書、以副雅懷、相見有日、再圖良晤、遂謝而去。

己酉年十一月二十日丑將子時三十五歲乙亥命卜家務

始入
虎戊辰食子
空己巳劫兄
龍庚午比兄

龍陳常虎
午未卯辰
丙午寅卯

	龍	陳	合	雀	
	午	未	申	酉	
空	巳			戌	蛇
虎	辰			亥	貴
	卯	寅	丑	子	
	常	武	陰	后	

珊曰、幹枝上皆值帝旺、而將帶龍常。君家昆仲既多、財產亦不薄。惜課名始入、卯木賊辰土發用、自癸卯迄乙巳、卑陵尊、幼犯長、以及憂喪劫耗、莫不紛至沓來。至丙午、又復振興。今年太歲己酉、與枝上卯衝、是以堂上見背。本命亥、上乘子、帶天后、與幹上午衝。婦人長舌、棠棣參商之事、時有所聞。刻下月建又值子、風波平地、勢將決裂。然幹課之陰神逢未、將乘勾陳、與午聯合。西南鄉有一陶冶親戚、堪作調人、仍可言歸於好、惟只可暫保現狀。兩年後、歲在壬子。枝節橫生、析產分居、在所不免。第愁君行輩較長、而家業獨肥、使孤孀弱弟、不能心悅誠服、則干戈無寧日矣。能推多取少、酌盈劑虛、實做一悌字、庶幾無害，其人默

然而去。

己酉年十二月十三日子將未時三十二歲戊寅命卜謀事

鑄印
常癸巳印父
合丙戌比兄
陰辛卯官官

合陰常合
戌卯己戌
戌戌子巳

合	雀	蛇	貴
戌	亥	子	丑
陳龍 酉			寅 后
申			卯 陰
未	午	巳	辰
空	虎	常	武

巳戌卯發用、名鑄印課。就外象觀之、最利官人、君將謀宦途事耶。其實未傳卯、為酉年歲破。鑄印不成、宦海風波、庸有濟乎。而況旬空、天空、並臨寅命之上，本非政治家、而欲捨長用短、競逐虛榮、豈計之善者。戌寄宮於巳、今巳臨子位、即書所謂幹加枝尅枝、名贅壻課、應受他入之利。如果屈尊居卑、束裝北上、或赴臨江濱海之區、必獲相當位置、能得布帛菽粟等類之職業、尤佳。蓋發用之巳、幹遁癸水、為戊日之財、而又乘太常故也、惜枝課不備、天乙逆行。初入局中、信用薄弱、而權利無多

。必須不辭勞瘁、竭智盡忠、始可得人懽心、由小至大。至於任事之期、又必須延至庚戌二月、乃爲萬全。客曰、吾嚮業綢布、擬改就官場、今聞君言、吾氣沮矣。惟有屏除妄念、春遊津沽、仍謀舊事、藉作枝棲、吾豈敢與數理爭哉。

己酉十二月十五日子將亥時三十四歲丙子命己亥行年卜借債

合雀蛇
壬癸旬空
始辰巳午
入卜官杀
父官鬼

陰酉庚
武戌酉
陳卯寅
合辰卯

	蛇午	貴未	后申	陰酉
雀	巳			戌	武
合	辰			亥	常
	卯陳	寅龍	丑空	子虎

一課酉金、尅三課卯木、卜借債、當有着落。惠酉金與卯木相衝、彼因畏我尅制、勉强應酬、以爲我但借不償、斷難得其充分補助。幸二課之戌、與三課卯合、君之西北友人、與彼感情甚洽、宜挽其居間先容、使其信任不疑、卽可立獲鉅資。所慮者四課之辰、與二課戌衝、君之居間、與彼之

腹心、猶不相能、此事須祕密進行、始能如願。或明日辛卯、卽可收受。稍一遲延、彼將謀諸腹心、勢必先易後難、化大爲小。其所以不致完全破壞者、因四課之辰、雖與二課戌衝、尚與一課酉合、雖與君之居間不愜、而與君、尚略有淵源也。若論數目、卯木財星、生數三、成數八、而眞數爲六、因殘冬木落、只從本數論、多則八六、少則三六耳。惟嫌本命子上加天空、行年亥上加白虎、君之本體、殆已百孔千瘡、卽使稍汲西江、亦恐得不償失。必須權衡輕重、審察緩急、使借得之款、毫不虛糜、庶幾人我咸宜、如約歸趙、否則末傳午値旬空、必蹈削足之禍、卒致卯酉辰戌、互魁交衝、而信用破產、干戈疊起矣、可不懼哉。

庚戌年九月廿五日卯將午時廿五歲丙戌命卜婚姻

始入
龍乙丑才妻
雀亡戌財妻
后辛未才妻

后	雀	雀	龍
未	戌	戌	丑
戌	丑	丑	乙

		陰	后	
武巳	午	未	申貴	
常辰			酉蛇	
虎卯			戌雀	
空寅	丑	子	亥合	
	龍	陳		

瓜州鄉人、卜婚姻。珊曰、貴人順行、天后臨命、汝已於二十三歲丁未年、曾經完姻矣。今因別有所歡、既愛其色、復羨其財、將欲謀之爲妻。而彼方要求條件、卽以離異元配爲第一步、殊爲惡毒、何以知之、蓋丑枝就幹、而爲日財、又乘青龍。是所歡之人、雖略有財色、而品行甚卑污也、丑土臨幹、與天后未衝、故其心目中、必不容元配存在也、及至未爲丑衝、不能立足、而丑之陰神、忽變作空亡、水性楊花、勢必捨乙木而他適也。時屆九秋、乙木之實力、本自不充、雖欲制止之、亦不可得、如是觀之、汝之此舉、非惟越權違法、實則弄巧成拙、務宜斬除妄念、自保室家、否則噬臍無及、鄉人聞余言、忸怩不自安、久之、乃曰、吾與元配、平日無緣。此事又不名一錢、故有是議。今既卜之不可、姑從緩議、遂去。

庚戌十月二十七日寅將寅時四十一歲庚午命占擔保

貴后
蛇申酉戌亥陰
雀未　子武

貴雀常
雀未丁
杜丁乙辛
雀未未

傳酉未丑
才食食
妻子子

貴酉酉
貴酉酉

合午　丑常
陳巳辰卯寅虎
龍空

經云、日生上神、虛耗百出。就此觀之、似覺今日擔保、必異日賠償也。其實幹爲我、枝爲彼、幹上未土、盜洩丁火之元氣、是誠不妙。然得六合午祿臨命、足可合未助丁、斷無實害。枝上酉、乘天乙、彼雖困難、人格頗高。因犯自刑、力有不逮。若得未土以資生之、即可轉敗爲功、見義勇爲、聖人所許。君亦何惜季布一諾、而不爲之援手耶。

庚戌年十一月二十一日寅將戌時五十八歲癸丑命赴任

常貴陳
甲戊壬
始寅午戌
入
財杀印
妻鬼父

常貴虎后
寅午丑巳
辛寅酉丑

虎常
空子丑寅卯武
龍亥　　辰陰
陳戌　　巳后
合酉申未午貴
雀蛇

課成、掷謂之曰、此課初傳寅、月將值旬首、中傳午、貴人值官鬼、末傳戌、太歲值印綬。而三傳木火土、又遁生日幹辛金。課名亨通。卜赴任最宜。想挂牌之期、尚未及旬日也。午火官鬼。加臨寅位。地點應屬東北、非高寶、卽與泰也。枝上丑、與中傳午害、幸中不幸，畢法賦云、合中犯殺蜜中砒、此之謂也。按其所害之神、丑乘白虎、陰神乘天后、十二月又值丑建、殆因發生盜案、殺傷婦女事、牽涉武官。以致投鼠忌器、大受攻擊，必須寬猛兼施、無枉無縱、始可化險爲夷、風平浪靜。迨至辛亥春來、君子道長、小人道消、又當不憚煩勞、勤求民隱。卽使清風兩袖、亦應霖雨萬家。慎毋謂廉吏不可爲也。所惜者本命丑、上乘巳、爲新歲破、及至十月、又爲月破、宦海升沉、恐別有一番氣象。請相機因應、以定從違、敢此忠告、切禱切禱。

庚戌年十二月初三日丑將戌時五十一歲庚申命丙辰行年卜爭訟

蛇 陳 虎
元戌辛旬空

蛇辰癸
陳未辰

武陰
常亥子丑寅后
虎戌　卯貴

辰未戌　武子酉　空酉　辰蛇
首　官吊官　貴卯子　龍申未午巳雀
宮鬼宮　陳合

珊初未知客爲何事興訟、課成謂之曰、勾陳之陰神爲白虎、又帶官星、君得無爲田產而爭訟乎。曰然。幹上辰、與酉枝合、爲癸日之印。枝上子、與癸幹寄宮丑合、爲癸日之比。課名交車，君父沒母在、得無因弟恃母愛、不循於理、而與弟爭訟乎。曰然。未乘勾陳、而陰神之戌值旬空、戌本五數、逢空則其力大減、弟佔君田、是否爲二畝三畝乎，曰二畝五分、三傳純土、生數皆屬五、每畝價值、得無爲十五圓、抑爲二十五圓乎、曰二十五圓，合計之、約值六十餘圓、發用辰、爲歲破、雖貴人順行、訟亦不直、君發生此案、是否在今年暮春、得無受縣官裁判、而歸於失敗乎、曰母愛弟、官顢頇、是以不直、刻己邀集長親、檢齊證據、准備上訴、究未識終審何如、願先生有以教之。珊曰、君爲區區數十圓之田產、而涉訟經年、耗費之鉅、奚止十倍、胡不智乃爾。兄與弟訟、大拂老母之心、非惟不悌、亦不孝也。而況勾陳臨行年、君固有之田產、亦復不少、竭力耕耘、不難致富。月德臨於申命、西北有平眾調人、得彼一言、糾紛立解、乃計不出此、而欲執迷上訴、何其愚也、客曰、西北祇一表兄、前曾囑我、將此田讓弟、彼豈助我哉、珊曰、勸君讓產、即真能爲君保產、此真助君者也、若其他長親、名雖助君與訟、實則速君破產、豈助君者耶、君勿遲疑、速懇表兄、則化干戈爲帛玉、在指顧間也、客曰、失田不足惜、理直而訟曲、吾恥焉、吾無面目見鄉人也、言訖潸然淚下。珊見之、亦爲之惻然。乃口誦范文正公句、一片青山景色幽、前人田地後人收、後人收得休歡喜。更有收人在後頭。又誦法昭禪師句、阿兄阿弟莫疑猜。只合登堂請罪來。識得吾家親手足。紫荊枯後又花開。詳爲解釋。並言此案關鍵在孝悌、不在輸贏。世未有以力行孝悌爲輸者、亦未有以力行孝悌爲恥者、君勿誤會。客聞珊言、意稍懌、曰、謹遵教。遂與辭而歸。

按前賢占驗、具載古書、好學深思之士、儘可取而覽之、以資探討、本編限於篇幅、不及採錄、右列拙占八則、不過略師嚴君平、依著龜、言利害、各因勢導之以善之義。是以一課言孝、勉其棄武習文、敬承庭訓也、二課言悌、勉其推多讓寡、處家宜忍也、三課言忠、勉其努力務本、毋忝厥職也。四課言信、勉其財莫虛糜、償須如約也。五課言禮、勉其糟糠勿棄、冶遊當戒也。六課言義、勉其濟困扶傾、勿稍瞻顧也、七課言廉、勉其為民造福、休圖溫飽也、八課言恥、勉其明倫息訟、俾免終凶也。珊竊謂卜雖起於數、而實根於理。就卜以言理、則理愈顯、就理以論卜、則卜愈神，要之、神而明之、存乎其人而已。

大六壬採原卷下終

跋

近世學者、狎爲迂曲繁縟之文、連篇累牘、莫能尋其指要、幾如粤若稽古帝堯、衍至數萬言者、是也。袁樹珊先生、博稽羣籍、藏書萬卷、而輯六壬探原、獨能簡而該、約而盡、舍五行大義、破害刑衝、天月德、月將、及貴人等、十二神將外。其餘枝駢神煞、槪不列焉。真如庖丁解十二年、批卻導窾、而芒不鈍。豈第爲六壬學者當宗之。竊謂研經討史者、亦宜遵其裁制也。乙丑長夏至節。後學丹徒鮑鼎拜識、項靖書。

擬創設三才堂星文稿 附

呈爲謹遵父命捐資創設善堂懇求准予立案給示保護事竊珊夷考星相卜筮之道經史具載由來久矣按其學說法三才而辨陰陽論五行而順四序故能具衆理應萬事定猶豫明是非其大旨尤在與臣言忠與子言孝雖無撥亂反正之功尙有易俗移風之效凡諸理論載在前清四庫全書提要子部術數門及圖書集成藝術典內所以自周秦以迄於今數千年來相傳勿墜惜後世之人難測高深但知用爲趨吉避凶察來彰往而有爲之士遂以星相卜筮爲賤役多不屑爲卒致其道日晦愈趨愈下卽有爲之者大半寒畯失業之輩間有效法前賢啓牖社會者亦寥若晨星求如古之司馬季主嚴君平管公明之爲人直是鳳毛麟角珊幼承庭訓讀經之暇講習醫卜幸於卜學稍窺堂奧辱承四方人士下採芻蕘握粟筆耕饑寒藉免頻年以來不辭狂瞽著有命理探

原六壬探原選吉探原三書幸蒙高明謬加獎許海上書局亦多翻印流行其他相人探原測字探原相宅探原尚須續出嘗聞先君昌齡公云以書籍益人之知識固妙究不若以金錢濟人之危急爲尤妙歷觀星卜同道類皆貧乏不能自給偶遭困阨告貸無門吾始從事於醫繼乃涉獵星卜閱歷四十載艱苦萬千般同病相憐輒與長嘆蓋今之各界所辦善舉雖曰林立其能嘉惠於星卜家者尚付闕如昔鄉賢汪容甫先生家貧幼孤其母苦節教子成名及母喪後與劍潭書洋洋大文力言孀孤艱苦百倍常人劍設眞苦堂孤兒社以養以敎其辦法具載述學自此而後我國始有完節堂繼撫塾等名目及今各直省仿行不少天下孤孀實利賴之其實皆容甫先生一書有以致之汝他日學成苟有餘力儘可倡立一堂爲星卜寒士稍開方便之門不愈於積金錢以貽子孫乎先君之言如此珊懍承先訓常用兢兢今先君棄養忽忽廿

年繼志述事久愧未能若再因循不成人子茲遵遺命勉盡棉力價購城內○○巷舊宅改建新屋兩進六楹設立三才堂一所專爲研究星相卜筮之學及宣傳道德兼爲寒士謀生之計並酌施薄惠於同道之貧苦者藉養其廉其建築開辦經常等費固定爲○○圓概由珊捐資擔認決不募集分文爲此謹將草定規約八條除呈縣長准予立案外合行抄呈電核敬求　長俯念愚誠矜憐寒士准予立案給示保護俾便進行則感戴鴻慈永無旣極矣

上呈

粘呈三才堂規約八則

一宗旨　本堂專以研究星相卜筮之學及宣傳道德藉供社會之需要兼爲寒士謀生之計並酌施薄惠於同道之貧苦者以養其廉恥爲宗旨

二定名　漢儒董仲舒有言通天地人謂之儒百家藝術皆士

大夫所宜究心蓋星相卜筮之道須貫澈天時地利人和三才之義始可神明變化運用無方故定名曰三才堂

三地點　本堂設立鎮江西城內〇〇巷

四辦法　本堂辦法暫分六項條列如下

㈠凡星卜中同道在本埠行道者每年三六九十二月由本堂各按所長命題考試一次初一日領卷初六日繳卷初十日揭曉最優等者獎贈大洋十元優等者獎贈大洋五元中等者獎贈大洋三元不及格者亦給大洋一元以示鼓勵而勉向隅其有不願與考者聽

㈡凡貧苦同道經過本埠川資缺乏者親來本堂報名由堂董或司事考驗屬實者給予川資大洋一元俾便行旅而謀生活惟期年以內再來者恕不應命

㈢凡寒士失業願習此星卜者可先向本堂索取各種簡明捷

訣至能背默時再向本堂面索全書不取分文惟必須按照所定手續辨理否則恕不應命蓋全書編次淺顯明白既能背默捷訣卽可領略全書有志者得此一編稍費心力必能於最短時期中而得謀生之道不在師承口授也

四凡有志之寒士閱全書後於星卜一道修業已畢願受本堂考驗者果能及格卽予證書以昭選信不取分文如不願考驗者不給證書

五凡貧苦同道如病故後無力棺殮者得由其家屬來堂報名立派司事調查屬實當卽給予薄棺一具並喪費大洋十元以資應用其有無地無力營葬者卽葬入本堂義園如無家屬者由同道介紹亦可但必須隨帶介紹書交入本堂以備考查

凡同道之人病故後有婦能完節者可將門氏開報遞送本

堂由堂彙總代報官廳請予轉呈

大總統褒揚其有實係貧苦無依者按其人口每名給養贍費大洋二元至三元但此項恤嫠額數多寡當以經費盈絀爲標準不能預定

五職員 本堂暫設經董一人司事一人傳達一人董事無定額擇品學兼優而能扶助本堂進行者函聘之除司事傳達酌送薪金外餘均爲名譽職

六經費 本堂建築開辦經常等費固定爲〇〇圓概由發起人自行勉力捐助並不另募分文其預算另定之

七立案 本堂之立係爲維持同道提倡義舉起見應於成立前呈報官廳立案請予給示保護並勒石以垂久遠

八附則 本規約臨時草定其有未盡善者得隨時修正之

此稿作於民國十四年歲次丙寅後因事中止未能實行思

之不禁歟然附錄於此謹就
海內通人正之倘蒙　多方匡教錫以南針俾他日克底於
成則感荷之私不獨身受者已也

徵詩啓　附

客有問於余曰人生榮萎得喪萬有不齊果關係命數否余笑
而不言爰占七律一章答之是否有當錄呈
海內同志　粲正

人生擾擾欲何之水到渠成自有時落魄豈皆由濁世揚眉未必
値昌期安危順逆原前定趨避從違貴預知莫道此中兼識秘義
爻撓甲是吾師

袁樹珊拜稿　通訊處鎮江三善巷

如蒙　高明賜和　一俟徵集多數印訂成冊當郵寄　覽

袁樹珊著命譜

著者寓上海靜安寺路大光明戲院西首同福里袁廬下午三時至六時候教
電話三八七六六號

命譜自序

[illegible]

命譜目錄

全書八卷　廿餘萬言　編次簡明　人人可閱　史紙精印　裝訂四冊　價四千元

總發行所　上海靜安寺路二七〇弄十二號潤德書局

中華民國三十五年五月五版

大六壬探原（精裝一冊）
實價國幣
外埠酌加郵費匯費

編著者 袁樹珊
上海南京西路二七〇弄十二號
發行者 潤德書局
印刷者 潤德書局
經售處 上海千頃堂書局

五版 2000 冊

占筮類

1	擲地金聲搜精秘訣	心一堂編	沈氏研易樓藏稀見易占秘鈔本
2	卜易拆字秘傳百日通	心一堂編	
3	易占陽宅六十四卦秘斷	心一堂編	火珠林占陽宅風水秘鈔本

星命類

4	斗數宣微	【民國】王裁珊	民初最重要斗數著述之一；未刪改本
5	斗數觀測錄	【民國】王裁珊	失傳民初斗數重要著作
6	《地星會源》《斗數綱要》合刊	心一堂編	失傳的第三種飛星斗數
7	《斗數秘鈔》《紫微斗數之捷徑》合刊	心一堂編	珍稀「紫微斗數」舊鈔秘本
8	斗數演例	心一堂編	
9	紫微斗數全書（清初刻原本）	題【宋】陳希夷	斗數全書本來面目；有別於錯誤極多的坊本
10-12	鐵板神數（清刻足本）——附秘鈔密碼表	題【宋】邵雍	無錯漏原版秘鈔密碼表　首次公開！
13-15	蠢子數纏度	題【宋】邵雍	蠢子數連密碼表打破數百年秘傳　首次公開！
16-19	皇極數	題【宋】邵雍	清鈔孤本附起例及完整密碼表研究神數必讀！
20-21	邵夫子先天神數	題【宋】邵雍	附手鈔密碼表研究神數必讀！
22	八刻分經定數（密碼表）	題【宋】邵雍	皇極數另一版本；附手鈔密碼表
23	新命理探原	【民國】袁樹珊	子平命理必讀教科書！
24-25	袁氏命譜	【民國】袁樹珊	
26	韋氏命學講義	【民國】韋千里	民初二大命理家南袁北韋　北韋之命理經典
27	千里命稿	【民國】韋千里	
28	精選命理約言	【民國】韋千里	
29	滴天髓闡微——附李雨田命理初學捷徑	【民國】袁樹珊、李雨田	命理經典未刪改足本
30	段氏白話命學綱要	【民國】段方	民初命理經典最淺白易懂
31	命理用神精華	【民國】王心田	學命理者之寶鏡

32	命學探驪集	【民國】張巢雲	發前人所未發 稀見民初子平命理著作
33	澹園命談	【民國】高澹園	
34	算命一讀通——鴻福齊天	【民國】不空居士、覺先居士合纂	
35	子平玄理	【民國】施惕君	
36	星命風水秘傳百日通	心一堂編	
37	命理大四字金前定	題【晉】鬼谷子王詡	源自元代算命術
38	命理斷語義理源深	心一堂編	稀見清代批命斷語及活套
39－40	文武星案	【明】陸位	失傳四百年《張果星宗》姊妹篇 千多星盤命例　研究命學必備
相術類			
41	新相人學講義	【民國】楊叔和	失傳民初白話文相術書
42	手相學淺說	【民國】黃龍	民初中西結合手相學經典
43	大清相法	心一堂編	重現失傳經典相書
44	相法易知	心一堂編	
45	相法秘傳百日通	心一堂編	
堪輿類			
46	靈城精義箋	【清】沈竹礽	沈氏玄空遺珍
47	地理辨正抉要	【清】沈竹礽	
48	《玄空古義四種通釋》《地理疑義答問》合刊	沈瓞民	玄空風水必讀
49	《沈氏玄空吹虀室雜存》《玄空捷訣》合刊	【民國】申聽禪	
50	漢鏡齋堪輿小識	【民國】查國珍、沈瓞民	
51	堪輿一覽	【清】孫竹田	失傳已久的無常派玄空經典
52	章仲山挨星秘訣（修定版）	【清】章仲山	章仲山無常派玄空珍秘 門內秘本首次公開 沈竹礽等大師尋覓一生 末得之珍本！
53	臨穴指南	【清】章仲山	
54	章仲山宅案附無常派玄空秘要	心一堂編	
55	地理辨正補	【清】朱小鶴	玄空六派蘇州派代表作
56	陽宅覺元氏新書	【清】元祝垚	簡易・有效・神驗之玄空陽宅法
57	地學鐵骨秘　附　吳師青藏命理大易數	【民國】吳師青	釋玄空廣東派地學之秘
58－61	四秘全書十二種（清刻原本）	【清】尹一勺	玄空湘楚派經典本來面目 有別於錯誤極多的坊本

91	地學形勢摘要	心一堂編	形家秘鈔珍本
92	《平洋地理入門》《巒頭圖解》合刊	【清】盧崇台	平洋水法、形家秘本
93	《鑒水極玄經》《秘授水法》合刊	【唐】司馬頭陀、【清】鮑湘襟	千古之秘，不可妄傳匪人
94	平洋地理闡秘	心一堂編	雲間三元平洋形法秘鈔珍本
95	地經圖說	【清】余九皋	形勢理氣、精繪圖文
96	司馬頭陀地鉗	【唐】司馬頭陀	流傳極稀《地鉗》
97	欽天監地理醒世切要辨論	【清】欽天監	公開清代皇室御用風水真本
三式類			
98－99	大六壬尋源二種	【清】張純照	六壬入門、占課指南
100	六壬教科六壬鑰	【民國】蔣問天	由淺入深，首尾悉備
101	壬課總訣	心一堂編	過去術家不外傳的珍稀六壬術秘鈔本
102	六壬秘斷	心一堂編	
103	大六壬類闡	心一堂編	
104	六壬秘笈——韋千里占卜講義	【民國】韋千里	六壬入門必備
105	壬學述古	【民國】曹仁麟	依法占之，「無不神驗」
106	奇門揭要	心一堂編	集「法奇門」、「術奇門」精要
107	奇門行軍要略	【清】劉文瀾	條理清晰、簡明易用
108	奇門大宗直旨	劉毗	天下孤本　首次公開 虛白盧藏本《秘藏遁甲天機》
109	奇門三奇干支神應	馮繼明	
110	奇門仙機	題【漢】張子房	奇門不傳之秘　應驗如神
111	奇門心法秘纂	題【漢】韓信（淮陰侯）	
112	奇門廬中闡秘	題【三國】諸葛武侯註	
選擇類			
113－114	儀度六壬選日要訣	【清】張九儀	清初三合風水名家張九儀擇日秘傳
115	天元選擇辨正	【清】一園主人	釋蔣大鴻天元選擇法
其他類			
116	述卜筮星相學	【民國】袁樹珊	民初二大命理家南袁北韋
117－120	中國歷代卜人傳	【民國】袁樹珊	南袁之術數經典